LEYENDAS DEL MUNDO HISPANO

SUSAN M. BACON
University of Cincinnati

NANCY A. HUMBACH
Miami University, Ohio

AITOR BIKANDI-MEJIAS
Colby College

GREGG O. COURTAD
Mt. Union College

PRENTICE HALL
Upper Saddle River, New Jersey 07458

Library of Congress cataloging number 99-058934

Editor-in-Chief: Rosemary Bradley
Acquisitions Editor: Kristine Suárez
Associate Editor: Heather Finstuen
Director of Marketing: Gina Sluss
Marketing Coordinator: Don Allmon
Editorial Assistant: Amanda Latrenta
Executive Managing Editor: Ann Marie McCarthy
Editorial/Production Supervision: Nancy Stevenson
Cover Art Director: Jayne Conte
Cover Designer: Bruce Kenselaar
Prepress and Manufacturing Buyer: Tricia Kenny
Photo Researcher: Diana Gongora
Image Specialist: Beth Boyd
Manager, Rights & Permissions: Kay Dellosa
Permissions Coordinator: Nancy Seise
Director, Image Resource Center: Melinda Reo

This book was set in 10/13 Minion by Wee Design Group and was printed and bound by Courier Companies, Inc. The cover was printed by Phoenix Color Corporation.

Printed in the United States of America
10 9 8 7 6 5 4 3 2 1

ISBN 0-13-010010-2

Prentice-Hall International (UK) Limited, London
Prentice-Hall of Australia Pty. Limited, Sydney
Prentice-Hall Canada Inc., Toronto
Prentice-Hall Hispanoamericana, S.A., Mexico
Prentice-Hall of India Private Limited, New Delhi
Prentice-Hall of Japan, Inc., Tokyo
Pearson Education Asia Pte. Ltd., Singapore
Editora Prentice-Hall do Brasil, Ltda., Rio de Janeiro

Tabla de materias

Preface

Why legends? Everyone loves a good story. To stimulate the use of one's imagination is to encourage thinking about the possible, as well as the actual. Stories both convey information and describe events and actions, and also encourage our emotions. Since the earliest times, stories have engaged us to imagine what it would be like to be someone else; thus we begin to treat others with as much respect as we would wish to be treated, as we learn more about others and ourselves.

In developing these legends for learners of Spanish, we particularly sought indications of the blending of cultures (Spanish, Indigenous, Mestizo), the creation of new legends, and the retention of old traditions. For example, the legend of the *La Llorona* is known throughout the Spanish-speaking world, and the versions have a different message depending on the era and region in which they were popular. In many versions, a woman is driven to kill her children; the method may be by knife, drowning, or abandonment, but in all of them the woman is either vilified or romanticized in her quest for revenge against men. The legend has been used to teach Christian values, warn against crossing social classes, and/or reaffirm the strength of the female figure. Her rebellion has made her the antithesis of the passive Virgin, yet most Spanish speakers will say they were warned to beware of La Llorona, who for many represents a female "bogeyman."

The themes of legends are universal, such as in *La Casa de los Muñecos* where we see familiar questions of money, power, honor, and revenge. In the legend of *Los novios*, we see the traits of fidelity and courage which were important values in pre-Columbian culture and persist as such in modern Mexico. The story is complemented by *Los amantes de Teruel*, the Spanish legend of star-crossed lovers. *Los cadejos* from El Salvador contrasts good and evil in a single familiar animal, the dog. An Argentine/Paraguayan legend explains the origin of *yerba mate* as a symbol of friendship and good will. The Paraguayan legend *El ñandutí* underscores again the power of friendship while it also highlights the merit of indigenous talents. The Puerto Rican legend *Las once mil vírgenes* extols the courage of the inhabitants of the island while under siege from a superior naval force. The Colombian legend *El Dorado* demonstrates the futility of the search for imagined treasure. Finally, we include a colonial and a modern version of *La Llorona*, through which students will see how legends evolve to adapt to a new era and place. These legends have an unequivocal potential for helping students to develop their creativity, as well as to discover both universal and culturally unique values.

Relationship to the *Standards for Foreign Language Learning: Preparing for the 21st Century*

The five standards proposed by the National Standards in Foreign Language Education Project (1996) are integrated into the philosophy of the text. The approach and activities develop the areas of "communication, cultures, connections, comparisons, and communities."

In second-language instruction, legends provide a superb context to make information meaningful to learners (**connections**). For example, animal legends incorporate real and imaginary creatures, descriptions, and emotions; architectural legends expand descriptive vocabulary: colors, dimensions, and measurements; topographical legends help students make comparisons between their own environment and others. Legends are traditionally aural literature, the use of which encourages students to become good listeners (**communication**). In legends we see daily routines, verbal and nonverbal communication, and ways of communicating beliefs (**cultures**). The story, therefore, provides the context for instruction of vocabulary, syntax, and functions of language (**comparisons**). Whenever possible, students will be encouraged to go beyond the classroom to use the resources of their community and beyond to use Spanish for personal enjoyment and enrichment (**communities**).

Audience

The *Leyendas* text is intended for intermediate students of Spanish. It may be used as a supplement to a grammar text or as a stand-alone text for Conversation and Composition classes. Although there is no explicit presentation of grammar, we believe that grammar is reinforced through the telling of the legends and the variety of activities.

Organization

Each chapter opens with *El contexto cultural* with information to help students situate the legend within its historical and cultural context. This section encourages students to recall their studies in other courses and to make connections to previous knowledge. Pre-reading activities refer to information in *El contexto cultural*, introduce new vocabulary and concepts, and supply advance organizers and global questions for the reading. Because we believe that learners can understand much more than they can produce, we employ a variety of tenses along with preparation and redundancy to make the stories comprehensible. Low-frequency vocabulary is glossed when it is not transparent from the context of the legend and not included in the pre-reading activities.

Post-reading activities progress from convergent *Comprensión* activities to divergent *Expansión* activities. *Comprensión* activities vary from chapter to chapter, including "Who might have said…?" to "Order the events and retell the story." *Expansión* activities include further investigation, mini-drama, debate, and guided writing. The final chapter invites students to ask someone outside of class to relate a legend, which they must then retell to the class.

Audio Program

Legends are inherently an aural medium; they are passed down from generation to generation, and with each telling take on the particular characteristics of the times and the teller. It is only logical that the users of this text should also hear the legend. We suggest that students first read *El contexto cultural* and do the *Preparación* activities. Then they may choose to read the legend before listening to it, or listen to the legend before reading it. Since reading and listening are very different activities, we discourage students from reading and listening simultaneously. The *Expansión* activities should follow the listening.

Summary

We hope that you enjoy reading, hearing, and working with these legends as much as we do. May these stories pique your curiosity and spur you into investigating others of the thousands of legends connected to the Spanish-speaking world.

Acknowledgments

The idea for this project arose from the *Legends of Mexico* program for teachers of Spanish (1994–1998) funded by a generous grant from the National Endowment for the Humanities. We are grateful to the participants in that program for sharing their enthusiasm to investigate, develop, and learn to tell legends in their teaching. We acknowledge especially the invaluable contribution of Francisco Jiménez for his advice at several stages of the project, and to participants Rebecca Eppley, Susan Guehl, Melissa Detwiler, and Cheryl Smith for suggesting some of the themes developed in this book. We thank our colleague Cristina Kowalski for her suggestions regarding «La leyenda de la yerba mate», and Mariamé Ramírez for her suggestions regarding «Las once mil vírgenes». We recognize the artistic talents and enthusiasm of Lisa Ernest. We heartily thank our students for listening and reacting to our stories. We appreciate the highly constructive comments from the following reviewers: Deborah Baldini, University of Missouri; Nere Lete, Boise State University; Ana López, Smith College; Julia Mack, University of North Carolina at Chapel Hill; Fidalgo L. Reyes, University of Massachusetts, Boston; Dora Vázquez-Older, Brandeis University; and Mary Wadley, Jackson State Community College. We are grateful to Kristine Suárez for her editorial support. We also thank Manuel Martínez for proofreading and Glenn Wilson for copyediting the final manuscript. Finally, as college professors, we are indebted to our institutions, the University of Cincinnati, Miami University, Colby College, and Mount Union College for their encouragement in making this project a reality.

Les dedicamos *Leyendas del mundo hispano* a nuestros estudiantes.

S.M.B., N.A.H., A.B.M., G.O.C.

Photo Credits

CAPÍTULO 1

LA CASA DE LOS MUÑECOS
México

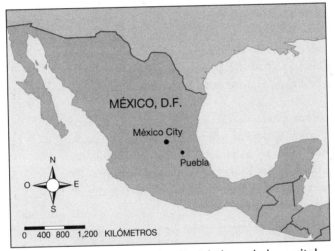

Puebla es una bella ciudad colonial al sur de la capital.

Preparación

El contexto cultural

El estado de Puebla, uno de los estados más pequeños de la república mexicana, se encuentra en el centro-este del país, un poco al este de la Ciudad de México. La ciudad de Puebla de los Ángeles, capital del estado y conocida simplemente como «Puebla», está en un gran valle dominado por cuatro volcanes. Gozando de un clima muy templado, Puebla fue la primera ciudad fundada por los españoles en México y la primera ciudad colonial fuera de las islas del Caribe. De mucha importancia histórica, en 1862 Puebla fue el sitio de una batalla trascendental, en la cual las fuerzas del presidente mexicano, Benito Juárez, triunfaron contra las tropas francesas de Napoleón III. Hoy en día esta batalla se conmemora en el famoso Cinco de Mayo, una fiesta importante no sólo para la ciudad de Puebla, sino también para todo México. Representa una victoria contra los invasores franceses debida a los esfuerzos heroicos de los Zacapoaxtla, indígenas de la sierra de Puebla.

La importancia histórica de Puebla también se evidencia en su famosa arquitectura con su colección de iglesias, conventos y palacios de varios estilos. Entre sus joyas se incluye la llamada «Casa de los Muñecos», actualmente el museo universitario de la Benemérita Universidad Autónoma de Puebla. La Casa de los Muñecos, construida en 1792 durante el reinado de Carlos IV de España, fue el palacio de Agustín de Ovando y Villavicencio, uno de los señores más ricos de Puebla en el siglo XVIII. La fachada del palacio está decorada con figuras cómicas hechas de azulejos de talavera°. Estas figuras, que le han dado el nombre «Casa de los Muñecos» al palacio, son la base de una leyenda mexicana. Esta leyenda también nos hace considerar la cosmovisión política de los hispanos de esa época, en la cual la vida política y social estaba muy jerarquizada. La leyenda de la Casa de los Muñecos es un buen ejemplo de leyenda, porque explica un evento histórico en vez de explicar un evento que es puramente mítico.

cerámica pintada a mano

La talavera es un arte popular mexicano.

Actividades

1-1 Los azulejos y sus usos. Contesten las preguntas sobre el uso de azulejos que ven en la foto o de otros que hayan visto. Para ver más ejemplos, pueden buscar en la red informática bajo "talavera" o "azulejos".

1. Hagan una lista de todos los lugares donde hayan visto azulejos. Comparen la Casa de los Muñecos con otros lugares que conocen.

2. La técnica de fabricar azulejos como arte decorativo y utilitario se originó con los árabes y fue llevada a España en el siglo VIII. ¿Qué formas y colores asocian con este arte? ¿Cómo se diferencian de los azulejos modernos que ustedes conocen?

3. Los materiales de construcción como la madera (*wood*) o los ladrillos (*bricks*) varían de región a región. ¿Cuáles son los aspectos climáticos y geográficos que condicionan el uso de algún material sobre otro? ¿Qué podrían concluir sobre esta región sabiendo la predominancia de los azulejos? Por ejemplo, las casas de adobe predominan en las regiones desérticas porque no llueve mucho allí.

4. Si pudieran diseñar un edificio con una fachada interesante, ¿cómo sería?

5. Usen su imaginación para describir a la persona que hizo estos azulejos: su edad, su educación, sus talentos.

1-2 Cognados. Las palabras en itálica son cognados del inglés y figuran en la leyenda. Fíjate en su uso en las oraciones siguientes, luego crea una oración original utilizando cada palabra.

1. Le doy mi *permiso* para construir la casa más grande, más elegante, más hermosa de la ciudad.

2. Con todo *respeto*, señor, no es posible que usted construya tal casa.

3. En la casa hay figuras *enormes* y *grotescas*.

4. El edificio *municipal* que está al lado es más pequeño.

5. Lo siento, le tenemos que negar la *licencia* para construir la casa.

1-3 Conceptos y expresiones. Los siguientes conceptos y expresiones tienen importancia en la leyenda. Adivina el significado de estas palabras por su contexto en las frases. Después escribe otras frases usando las mismas palabras que están en itálica.

MODELO: La pobre doña Ana se puso muy triste y empezó a *llorar*.
          El bebé lloraba *porque tenía hambre*.

1. *El ayuntamiento* es el gobierno de la ciudad y se localiza en la casa municipal.

2. En el centro histórico se controla el número de *pisos* que tienen los edificios. No permiten que los nuevos sean más altos que los antiguos.

3. Se admira mucho la arquitectura colonial de Puebla; es el *orgullo* de la ciudad.

4. *La fachada* de la Casa Blanca está pintada de blanco. *La fachada* de la Casa de los Muñecos está decorada con azulejos.

5. Las figuras, o *muñecos*, en la fachada son grandes y grotescos.

6. Don Agustín, como mucha gente rica, también tenía mucho *poder* político.

7. Pero también se creía muy importante. Por ser tan *arrogante,* creía que podía conseguir todo lo que quería.

8. Puede ser cruel hacerle una *broma* a alguien porque se puede ofender. El protagonista de esta leyenda es un personaje *bromista.*

9. Cuando la gente vio las figuras desnudas en la fachada del edificio, exclamó, "¡Qué *vergüenza!*"

1-4   ¿Puedes adivinar? Escribe una frase en que adivines el problema de esta leyenda.

1-5   Los protagonistas. Esta leyenda cuenta una de las versiones del origen de esta casa poblana. Mira la fachada con sus enormes y grotescas figuras (muñecos). Se trata de una broma que les hizo un señor rico, poderoso y arrogante a algunos de los ciudadanos de Puebla. Mientras lees la leyenda, identifica a los cuatro personajes principales y escribe una breve descripción de cada uno.

La Casa de los Muñecos

La Casa de los Muñecos

Habíase una vez —exactamente en el siglo dieciocho— un señor que se llamaba don Agustín de Ovando y Villavicencio. Don Agustín era muy rico, arrogante y muy, muy poderoso. Vivía en Puebla, una gran ciudad colonial de México.

Don Agustín, porque era tan rico, tan poderoso y tan arrogante, quería construir una casa. Sin embargo, no quería una casa pequeña y humilde, sino una casa grande, elegante, lujosa, maravillosa: en fin, una casa no de *un* piso, sino de *dos* pisos. Sería la casa más grande, más elegante, más hermosa de toda la ciudad. ¿Y por qué no? Él era el gran señor don Agustín de Ovando y Villavicencio y era rico, arrogante y muy poderoso.

Así, le dijo a su esposa, la bella doña Ana:

—Ana, amor de mi vida, voy a construir una casa grande. Será la casa más grande, más elegante, más hermosa de toda la ciudad de Puebla. Va a tener no sólo *un* piso, sino *dos* pisos. Yo soy el gran señor don Agustín de Ovando y Villavicencio y soy rico y muy poderoso. Por eso, puedo hacer lo que quiera.

Y su esposa exclamó:

—¡Qué formidable! Siempre he soñado con tener una casa grande, elegante y hermosa. Somos personas de bien, importantes, ricas y poderosas. Necesitamos una casa no de *un* piso, sino de *dos* pisos, ¡más grande que todas las otras casas de Puebla!

A la mañana siguiente, don Agustín fue a la oficina del ayuntamiento. El ayuntamiento lo componían dieciséis hombres, quienes, como don Agustín, eran muy ricos, arrogantes y poderosos. Don Agustín se acercó al alcalde y le dijo:

—Señor López, usted sabe quién soy: el gran señor don Agustín de Ovando y Villavicencio. Soy rico y muy poderoso. Por eso, quiero construir la casa más grande, más elegante, más hermosa de toda la ciudad de Puebla. Va a tener no sólo *un* piso, sino *dos* pisos. ¿Qué le parece?

El señor López salió y fue a consultar con los otros quince miembros del ayuntamiento. Después de media hora volvió y se dirigió a don Agustín:

—Con todo respeto, don Agustín, no es posible que usted construya tal casa. Tenemos que negarle la licencia porque el edificio municipal que está al lado tiene sólo un piso. Se prohíbe que su casa sea más grande que el edificio municipal.

¡Don Agustín se puso furioso! Volvió corriendo a su casa, abrió la puerta, entró en la sala y encontró a su esposa. En seguida le contó lo que le había pasado. Su esposa, la bella doña Ana, se puso muy triste. Empezó a llorar:

—¡No podemos tener la casa de nuestros sueños, la casa más grande, más elegante, más hermosa de toda la ciudad de Puebla! Y ya se lo he dicho a todas mis amigas y a mi madre y a mis hermanas y a mis primas y... ¡a todo el mundo! ¡Qué vergüenza!

La bella doña Ana, esposa de don Agustín, fue directamente a su dormitorio, cerró la puerta y se echó a llorar.

Al ver la tristeza de su esposa, don Agustín de Ovando y Villavicencio, el rico, arrogante y muy poderoso señor, decidió viajar a España y elevar una petición directamente al Rey. Compró un pasaje en una fragata que iba a España. El viaje duró días, semanas, meses. Por fin llegó a España y fue directamente a la corte para consultar al Rey.

—Su majestad, permítame presentarme: yo soy don Agustín de Ovando y Villavicencio. Vivo en Puebla, una gran ciudad colonial en el sur de México. Mi señora (la bella doña Ana) y yo queremos construir la casa más grande, más elegante, más hermosa de toda la ciudad de Puebla. Esta casa va a tener no sólo *un* piso, sino *dos* pisos. Será el orgullo no sólo de toda la ciudad, sino de todo su reino de Nueva España.

El Rey lo pensó bien. Él era un señor aún más rico y poderoso que don Agustín. El Rey era también más rico y poderoso que los dieciséis señores del ayuntamiento. De esta manera le respondió a don Agustín:

—Señor de Ovando y Villavicencio, le doy permiso para construir la casa más grande, más elegante, más hermosa de Puebla. También le doy permiso para que tenga no sólo *un* piso, sino *dos* pisos. Así su casa será el orgullo no sólo de la gran ciudad de Puebla, sino de todo mi reino de Nueva España.

Don Agustín, feliz con la declaración del Rey, volvió a

Puebla y construyó su casa. Si visitas Puebla, la puedes ver. La casa más grande, más elegante, más hermosa de Puebla tiene no sólo *un* piso, sino *dos* pisos. Pero esta casa tiene algo más: en la fachada hay enormes y grotescos muñecos de talavera. Son figuras medio desnudas, caricaturas feas que representan a... pues, ¿a quiénes representarán estos dieciséis muñecos? ¿Crees que el señor don Agustín de Ovando y Villavicencio, el rico, arrogante y muy poderoso, les hizo una broma al señor López y a los otros señores del ayuntamiento de Puebla? Así nos lo cuentan los que conocen la leyenda de la Casa de los Muñecos.

Dieciséis figuras grandes y grotescas

Comprensión

1-6 ¿Quién lo habrá dicho? Escribe el nombre de la persona que lo habrá dicho: **A:** don Agustín; **An:** doña Ana; **L:** el Sr. López; **R:** el Rey. Puede haber más de una posibilidad.

1. _____ —Con todo respeto, tenemos que negarle el permiso.
2. _____ —¡Claro que Ud. puede construir su casa!
3. _____ —Soy el más poderoso de Puebla.
4. _____ —Ya se lo he dicho a todas mis amigas.
5. _____ —Mi casa va a ser la más bella de toda la ciudad.
6. _____ —Puedo hacer lo que quiera.
7. _____ —Todos los edificios de Puebla son de un solo piso.
8. _____ —Vamos a tener una fiesta e invitar a todas las familias más importantes de Puebla.
9. _____ —¡Don Agustín es muy cruel!
10. _____ —¡Qué vergüenza!

1-7 El argumento. Completa los espacios en el cuadro con información de la leyenda.

personajes	lugar / época	problema	solución

1-8 Algunos elementos importantes. Explica cómo figuran estos conceptos en la leyenda.

1. el orgullo
2. la vergüenza
3. el poder

4. la jerarquía política y social

5. la broma

6. la vanidad

1-9　En tus propias palabras. Utilizando la información del ejercicio anterior, vuelve a narrar la leyenda. Puedes usar el presente o el pasado en tu narración.

Extensión

1-10　Eres poeta. Utiliza algunas de estas expresiones para crear un poema escrito por uno de los personajes.

MODELO:　　*Fui rico y poderoso,*
pero ahora estoy triste y solo.
Quería una casa elegante,
pero no tengo más que un elefante.
¡Qué vergüenza!

orgullo y poder	formidable
respeto	triste
bello	lloró y lloró
no sólo de *un* piso, sino de *dos*	se burló de
al lado de	dieciséis
furioso/a	el Rey
arrogante y poderoso	Puebla
rico	de toda la ciudad
humilde	¡Qué vergüenza!

1-11　Un lugar interesante. Busca un edificio que tenga una fachada interesante. Descríbesela a la clase.

1-12　Expandir el tema. Piensen en una situación actual en que alguien insista en burlar (*circumvent*) la ley. Puede ser un caso histórico, ecológico, político, etc. Contesten estas preguntas para después presentarle el caso a la clase.

1. ¿Quiénes son los personajes y cómo son?

2. ¿Qué desean hacer?

3. ¿Quién(es) se lo niega(n)?

4. ¿Cómo reaccionan?

5. ¿Cuáles son las consecuencias?
6. ¿Cómo le beneficia o le hace daño al lugar o a la gente?
7. ¿Qué opinan del caso y por qué?

1-13 La corte. Presenten el caso de la leyenda ante el Rey. Además de los cuatro personajes principales, puede haber abogados y otros testigos de la familia o del pueblo, y un jurado que tome la decisión final.

1-14 Narra. Cuenta el caso de una broma. Utiliza estas preguntas como guía.

1. ¿Cuándo ocurre?
2. ¿Quién lo hace?
3. ¿Cuál es la broma?
4. ¿Cómo reacciona la víctima?
5. ¿Cuál es tu opinión de la broma?

1-15 Te toca a ti. Toma el papel de uno de los personajes de la leyenda y escríbele una carta a un conocido explicando tu situación. Trata de convencerle de que tienes razón. Después cambia tu carta por la de otro miembro de la clase y contéstense. A continuación tienes un fragmento de una carta informal.

MODELO:

> Puebla, México
> el 6 de marzo de 1792
>
> Querida Sarita:
>
> ¡Cuánto te agradezco tu amable carta del 8 de febrero! Las noticias de mamá y de las otras hermanas me alegran muchísimo. Aquí gozamos de buena salud mi buen esposo y yo, pero tengo una mala noticia. El ayuntamiento de Puebla nos niega el permiso para construir nuestra casa. Me parece totalmente injusto y no hago más que llorar y llorar...
>
> Recibe un abrazo
> cariñoso de tu hermana,
>
> Ana

Capítulo 2

El Dorado

Colombia

El rey se dirigía al centro del lago en su balsa.

Preparación

El contexto cultural

Cerca de Bogotá, Colombia, en las montañas de la tierra fría, existe un lago cuya historia está inextricablemente ligada a la fundación del estado moderno colombiano. Éste es el lago Guatavita, el cual se conoce hoy en día como fuente de la leyenda de «El Dorado». El aeropuerto de Bogotá lleva el nombre de El Dorado en recuerdo de esta leyenda.

Muchos de los conquistadores españoles vinieron al Nuevo Mundo impulsados por la avaricia, en particular, por la sed de oro. Otros, inspirados por los cuentos fantásticos como los del libro de caballería (*chivalry*) *Amadís de Gaula*,° vinieron en busca de tierras nuevas y misteriosas. En la leyenda de «El Dorado» el oro y la fantasía se juntaron, creando una atracción poderosa. Aunque las distintas versiones de la leyenda variaban mucho, todas tenían el elemento común del hombre dorado, un rey indígena que, para cumplir un rito extraño, se cubría de polvo de oro y se bañaba en un lago mientras sus súbditos tiraban joyas y piedras preciosas al agua. Según las diferentes versiones, en el reino de El Dorado hasta los techos de los edificios estaban cubiertos de oro.

a popular early Spanish chivalric novel

Desde el momento en que los conquistadores oyeron la leyenda, empezaron a buscar el misterioso reino de El Dorado. No solamente conquistadores españoles, sino también ingleses, alemanes, portugueses y holandeses participaron en expediciones para encontrar El Dorado y muchos hombres perecieron en las selvas de la América del Sur. No se sabía exactamente dónde estaba El Dorado, pero muchos pensaban que lo encontrarían en una región que correspondía más o menos a lo que hoy es Colombia y Venezuela. En una de sus varias expediciones en busca de El Dorado, el conquistador Gonzalo Jiménez de Quesada, al mando de 900 hombres, siguió el río Magdalena hasta el interior del continente, llegó a una sabana en los Andes, venció allí a los indios chibcha y en 1538 fundó el pueblo Santa Fe de Bacatá, hoy en día, Bogotá, la capital de Colombia. Casi un siglo después, Juan Rodríguez Freyle escribió que los muiscas, que eran una tribu de los chibchas, tenían una ceremonia para su rey—a quien llamaban el Zipa—muy parecida a la ceremonia de la leyenda de «El Dorado». Esta ceremonia tenía lugar en el lago Guatavita.

Nunca se encontró el reino misterioso de El Dorado; sin embargo, en 1912 una compañía inglesa drenó parcialmente el lago Guatavita para buscar el oro de El Dorado. Aunque sí encontraron varias joyas valiosas precolombinas, no hallaron el gran tesoro que buscaban. Tal vez el verdadero tesoro de El Dorado fuera su poder de inspirar y la atracción irresistible que tuvo para varias generaciones.

Actividades

2-1   Localízate. Busca información sobre estos lugares; luego escribe una oración para describirlos y ubicarlos en la geografía de Sudamérica.

MODELO: los Andes
Son una cordillera de montañas majestuosas que se extiende desde Venezuela hasta el sur de Chile.

1. Colombia
2. El lago Guatavita
3. Santa Fe de Bogotá
4. Cartagena
5. Medellín
6. Las selvas colombianas
7. El río Magdalena

2-2   Buscando El Dorado. Contesten las preguntas sobre la búsqueda de El Dorado.

1. ¿Cuáles eran las diferencias entre los españoles y los muiscas en el uso del oro?
2. A diferencia de los españoles, los muiscas valoraban la sal. ¿Por qué tendría tanto valor para ellos la sal?
3. Si ustedes tuvieran que escoger una cosa de mucho valor—que no fuera dinero, oro o joyas—¿qué sería? Hagan una lista de diez cosas que nuestra civilización consideraría de mucho valor.
4. ¿Pueden ustedes pensar en civilizaciones que daban valor de intercambio a otros productos o cosas? ¿Por qué sería?
5. La expedición de Gonzalo Jiménez de Quesada fue en 1538. ¿Qué ocurría en otras partes del mundo en esa época?
6. En 1912 todavía se buscaba el tesoro de El Dorado. ¿Conocen otras expediciones que se hayan hecho para recobrar tesoros de la tierra o del mar?
7. ¿Qué significa la expresión "El Dorado" para nosotros? Los exploradores españoles también buscaron las Siete Ciudades de Cíbola, un lugar mítico en el suroeste de lo que es actualmente los Estados Unidos. ¿Ves alguna relación entre la búsqueda de El Dorado y la de las Siete Ciudades de Cíbola?
8. El libro Amadís de Gaula es una historia de caballería. ¿Cómo son los personajes de este tipo de novela? En los libros de caballería abundan reyes, princesas en peligro, castillos encantados y caballeros valientes que luchan contra hombres malos o a veces contra criaturas fantásticas como los dragones. ¿Conocen alguna de estas novelas de la tradición inglesa?

2-3 Expresiones nuevas. Las expresiones en itálica figuran en la leyenda. Fíjate en su uso en las oraciones siguientes, luego crea una oración original utilizando cada palabra o expresión.

MODELO: Esta leyenda no se trata de hombres *áureos*, sino de un hombre que se
adornaba con polvo de oro.
En el Museo del Oro hay muchos artefactos áureos.

1. La esposa del rey *se arrojó* al agua, pero no se murió, sino que se convirtió en diosa.
2. Los indígenas *espolvoreaban* oro sobre el cuerpo del príncipe. Le cubrían totalmente con el metal precioso.
3. El hombre dorado se dirigía cada año al centro del lago en su *balsa*.
4. El príncipe iba *majestuosamente* hasta el centro de la laguna.
5. El jefe de la tribu *se zambullía* en las aguas del lago Guatavita para limpiarse del polvo de oro.
6. Cuando se lavaba en el lago, *teñía* la espuma blanca del agua de un color dorado, brillante.
7. Cuando la leyenda de El Dorado *alcanzó* los oídos de los españoles, iniciaron la búsqueda del tesoro.
8. Los españoles ya *habían sometido* a los incas y a los aztecas y soñaban con encontrar el tesoro de los muiscas.
9. Al explorador inglés, Sir Walter Raleigh, le *decapitaron* por no encontrar el tesoro.
10. Desde ese día, el sueño del tesoro impulsa a muchos a hacer la *expedición* en busca del oro.

👥 2-4 Conceptos. Túrnense para terminar las siguientes frases de forma lógica demostrando que entienden estos conceptos.

1. *El Dorado, Utopía, Shangri-la:* Éstos son para mí lugares donde se puede…
2. *El sacrificio.* Yo haría el sacrificio de… para…
3. *Buscando El Dorado.* Para encontrar mi Shangri-La o lo que considero El Dorado, estaría dispuesto/a a…
4. *Seguir un sueño dorado.* Mi sueño dorado es…
5. *El oro, el cacao, la sal.* El concepto del valor que se tiene de una cosa depende de…

2-5 ¿Se encontró El Dorado o no? Ten en cuenta la pregunta mientras vas leyendo esta historia.

Después de cubrirse de polvo de oro, se bañaba en el lago.

La leyenda de El Dorado

Escuchen con atención esta pequeña historia. Debo decirles, cuanto antes, que no esperen hombres áureos o ciudades cubiertas de oro. Nuestra leyenda es más humilde que todo eso. Aunque... sí comienza con un hombre dorado. ¡Silencio, por favor!: ¡empezamos nuestro cuento!

Allá arriba, en los Andes, en torno a los 2.300 metros (alrededor de 7.500 pies) de altura sobre el nivel del mar, vivía una antigua civilización, la de los chibchas, a la que pertenecía la tribu de los muiscas. Esta tribu gobernaba la altiplanicie en la que se encuentra el lago Guatavita, cerca de la actual Bogotá.

En una época muy distante, la esposa de uno de aquellos reyes muiscas se arrojó a las aguas del Guatavita, ahogándose. Se convirtió en la Diosa del Lago. Esta diosa, como todos los dioses, necesitaba ser aplacada°. Los muiscas dieron con una forma de apaciguamiento° muy peculiar, que afectaba al príncipe heredero y que da origen a esta leyenda.

aplacar: complacer

apaciguar: aplacar

La ceremonia era como sigue: Toda la tribu se acercaba al lago Guatavita. El heredero al trono se desnudaba. Lo recubrían con una sustancia pegajosa—savia°, tierra, resina. Entonces, espolvoreaban oro sobre su cuerpo, hasta que brillaba a la luz solar, como un reluciente hombre dorado. Mientras tanto, se construía en la orilla una gran balsa de juncos, adornada majestuosamente. El príncipe, cubierto de oro, se montaba en la balsa. En actitud regia, remaba hasta el centro de la laguna. En medio de ésta, hacía su ofrecimiento, tirando esmeraldas y joyas de oro al lago. Finalmente, se zambullía para limpiarse, tiñendo° la espuma blanca del agua de un color dorado, refulgente° a los rayos del sol. Después de bañarse, volvía a tierra con la balsa. Acto seguido°, comenzaba la fiesta: baile, música y danza. Toda la tribu lo celebraba, reconociendo al príncipe como el nuevo rey y señor de los muiscas. Los españoles llamaron a este personaje «El Hombre Dorado», nombre que posteriormente fue acortado a «El Dorado», que pasó a significar la ciudad de oro.

jugo de las plantas

teñir: cambiar su color
brillante
En ese momento

Este ritual—desaparecido mucho antes del siglo XVI—se transformó en leyenda y pronto alcanzó los oídos de los conquistadores españoles. Estos, que acababan de someter a los ricos y fabulosos imperios de aztecas e incas, se imaginaron un reino abundante en tesoros y un lago fantástico cuyo fondo estaba formado por arena de oro. Como pasaría más tarde con la fiebre del oro en California o Alaska, o con el petróleo, empezó la caza del tesoro.

A partir de 1530, comenzaron a organizarse expediciones para encontrar El Dorado. Violencia, esfuerzo, traición, heroísmo, ambición, ensueño, se combinaron en esta búsqueda de la quimera. Gonzalo Jiménez de Quesada, Gonzalo Pizarro y otros capitanes españoles lo intentaron. Ninguno de ellos halló la ciudad de oro; ni siquiera pepitas suficientes para que sus viajes merecieran la pena.

En 1617, Sir Walter Raleigh consiguió salir de su prisión en la Torre de Londres, al prometer, y estafar°, al rey Jaime I: "Yo puedo dirigir, sin duda alguna, una expedición a El Dorado y traer de vuelta las riquezas para su Majestad". ¿El resultado?: fracasó. Regresó a la madre patria Inglaterra con los bolsillos y

to con

las bodegas de los barcos vacíos y fue decapitado.

Pero no concluye aquí nuestra pesquisa. Cuando hay oro por medio..., la fe persiste eternamente. Hermanos franciscanos, la «Compañía Holandesa de las Indias Occidentales», exploradores británicos, trataron de descubrir el «verdadero» El Dorado. ¿Se imaginan el resultado?

Muchas expediciones acabaron en tragedia: ¡cuántos muertos, perdidos en la jungla, sufrimientos y privaciones! ¿Fue en vano la busca? No se encontró El Dorado, pero esta búsqueda tuvo como resultado la exploración de gran parte del norte del continente sudamericano. El Dorado, además, ha pasado a formar parte de la mitología, de la literatura, de la conciencia de la humanidad. El Dorado, las Siete Ciudades de Cíbola, Shangri-La, el Santo Grial, Utopía..., tal vez sean esos destinos eternos, que mantienen al ser humano en peregrinación y búsqueda continuas.

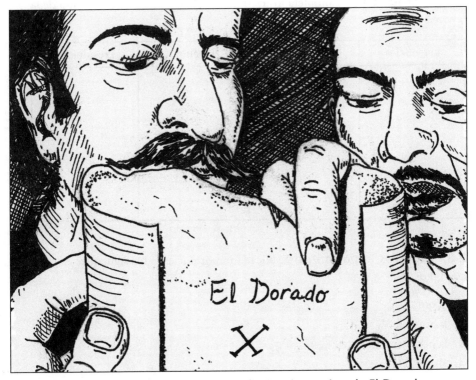

Los conquistadores empezaron a buscar el misterioso reino de El Dorado.

Comprensión

2-6 ¿Quién lo hizo? Indica, con el nombre, a quién(es) describe cada una de las siguientes oraciones. Puede haber más de una posibilidad.

1. _____ Se cubrió de oro antes de tirarse al lago.
2. _____ Fundó la ciudad de Bogotá.
3. _____ Después de salir de la prisión, fue en busca de El Dorado.
4. _____ Consideraban el oro sólo como objeto decorativo y de culto.
5. _____ Se zambullía en el lago Guatavita.
6. _____ Se convirtió en Diosa del Lago.
7. _____ Tiraba joyas al agua.
8. _____ Después de ser espolvoreado oro sobre su cuerpo, remaba al centro del lago en una balsa de juncos.
9. _____ Tenían que apaciguar a la Diosa del Lago.
10. _____ No encontraron más que unas cuantas pepitas de oro.

2-7 El argumento. Completa los espacios en el cuadro con información de la leyenda.

personajes	lugar/época	hecho	resultado

2-8 Aspectos importantes. Explica la importancia de los siguientes elementos o conceptos.

1. el oro
2. la avaricia
3. la persistencia
4. el sueño/la meta
5. el rumor/el chisme

2-9 En tus propias palabras. Vuelve a contar la leyenda de El Dorado, utilizando la información de la actividad **2-8** como guía.

Extensión

2-10 En tu imaginación. Escoge uno de los siguientes personajes y haz una lista de frases que lo/la describan tanto psicológica como físicamente. Incluye también acciones que haría. (¡Habrá que usar la imaginación!) Luego escribe tu descripción en un párrafo, empleando tus propios conceptos y los que indica la leyenda.

Gonzalo Jiménez de Quesada

Sir Walter Raleigh

el jefe de los muiscas

La Diosa del Lago

2-11 El arco iris. Se dice que al final del arco iris hay una olla de oro. Describe lo que hay al final de tu arco iris personal.

2-12 El origen y sus consecuencias. Discutan en grupo estas cuestiones: ¿Por qué les habrán dicho tantas personas a los españoles que existían una ciudad dorada, las Siete Ciudades de Cíbola, la fuente de la eterna juventud, etc.? ¿Cuáles han sido las consecuencias de las búsquedas? ¿Pueden pensar en un caso contemporáneo que sea similar?

2-13 Noticiero. Preparen una presentación con el formato de las noticias de la televisión, explicando uno de los siguientes titulares.

Jefe se tira al lago

Quesada funda Santa Fe de Bogotá

Raleigh promete encontrar oro

La reina se ahoga en Guatavita

Reportajes de un hombre dorado

Dicen: «Hay ciudades de oro»

2-14 El Museo del Oro. Busca la hoja electrónica de este museo y haz un resumen de sus colecciones y los servicios que ofrece. Conecta con la hoja de la cultura muisca para ver y describir algunas de sus figuras de oro.

2-15   Una carta al Rey. Escribe una carta al Rey de España, explicándole la leyenda y lo que quieres hacer para lograr encontrar el oro. Puedes empezarla así:

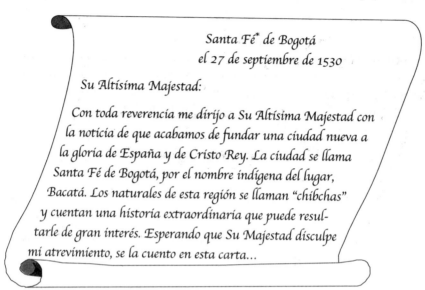

Santa Fé* de Bogotá
el 27 de septiembre de 1530

Su Altísima Majestad:

Con toda reverencia me dirijo a Su Altísima Majestad con la noticia de que acabamos de fundar una ciudad nueva a la gloria de España y de Cristo Rey. La ciudad se llama Santa Fé de Bogotá, por el nombre indígena del lugar, Bacatá. Los naturales de esta región se llaman "chibchas" y cuentan una historia extraordinaria que puede resultarle de gran interés. Esperando que Su Majestad disculpe mi atrevimiento, se la cuento en esta carta...

*Many one-syllable words no longer use a written accent in modern Spanish.

Capítulo 3

La leyenda de los cadejos

El Salvador

Las erupciones volcánicas han impactado la vida de los habitantes por toda la historia de las Américas.

Preparación

El contexto cultural

A veces las leyendas tienden a lo oscuro y lo macabro. En el este de Europa, abundan los cuentos de vampiros y hombres-lobos, los cuales transforman la noche en un espacio peligroso y espantoso. En Centroamérica, según la leyenda, los que viajan a

solas de noche deben temer al *cadejo*, un perro enorme y demo-
niaco cuyos ataques pueden ocasionar una parálisis temporal o,
de vez en cuando, la muerte. El cadejo puede llegar a ser del
tamaño de un león o de un toro y tiene los ojos rojos como las
ascuas . Unas versiones de la leyenda indican que algunas partes
del cuerpo del cadejo son de otros animales, como, por ejemplo, las patas de una cabra o las orejas de un conejo. Los que
más deben temerlo son los viajeros nocturnos que oyen sus
aullidos en la distancia, porque en realidad está muy cerca de la
persona a quien persigue. Sin embargo, como veremos en la
versión siguiente, algunos cadejos sirven de protectores a los
campesinos; éstos suelen ser de color amarillo o blanco.

La imagen del cadejo nos viene de los tiempos precolombinos y posiblemente se basa en la figura del *nahual*, muchas
veces un animal como un ciervo o un conejo, que es la exten-
sión espiritual de una persona. Hoy en día, se ha fusionado con
conceptos cristianos y el cadejo puede ser el nahual del diablo o
de un espíritu maligno. La leyenda del cadejo cumple una función social, porque sirve como una advertencia a los borrachos,
a los trasnochadores y a los viajeros en general de que es peligroso andar a solas por la noche. Todavía se narran por toda
Centroamérica cuentos basados en los encuentros con el
cadejo, como un aspecto especial del folklore de estos países. La
imagen del cadejo como animal feroz e intrépido inspira terror
y fascinación en los oyentes de estas experiencias.

Actividades

3-1 Métete en la escena. A lo largo de la historia los volcanes han figurado
como parte importante de la vida y economía de muchos países. Busca un mapa en
relieve e identifica los países centroamericanos donde habrá actividad volcánica.
¿Cómo pueden los volcanes afectar el modo de vida de un pueblo? Esta leyenda
destaca (muestra) la diferencia entre las clases sociales. ¿Puedes anticipar el conflicto
que se va a ver?

👥 3-2 ¿Han visto un "cadejo"? Conversen sobre sus experiencias con los
peligros nocturnos. ¿Qué animales representan un espíritu malo para ustedes?
Cuando eran niños, ¿sobre qué les advertían sus padres, sus hermanos o sus amigos?

¿Qué hacían para protegerse de estos temores? ¿Qué cuento o película conocen cuyo motivo es asustarnos por medio de algunas criaturas nocturnas? ¿Cómo se caracterizan a los vampiros y a los hombres-lobos? ¿Cuál de estos temores es el más vívido para ustedes? ¿Cuándo puede el mismo animal u otro ser (*being*) representar ambos aspectos, lo malo y lo bueno?

3-3   Vocabulario en contexto. Lee las frases siguientes y explica el sentido de las expresiones en itálica. Luego escribe otra oración original usando la misma expresión.

MODELO: Los *protagonistas* de esta leyenda son los cadejos.
Los protagonistas *son los personajes principales.*
Los protagonistas *de mi telenovela favorita son dos mujeres.*

1. Muchas personas creen que los cadejos son grandes como un león, *fieros* y *dañinos*.
2. Algunos dicen que son seres *malignos*; otros, que son seres *benignos*.
3. Los cadejos viven en los volcanes; es su *hogar*.
4. Comen las plantas que cubren los volcanes. *Se alimentan* de las plantas.
5. Cuando una persona toma demasiado vino y se emborracha, el cadejo la *vela* para que no le pase nada.
6. Los *terratenientes* que vivían en las tierras de los volcanes querían destruir a los cadejos.
7. Creían que los campesinos eran *flojos* porque no trabajaban bastante.
8. Un soldado hecho de *plomo* es muy maleable.
9. La lava y *la ceniza* del volcán calentaron la tierra.
10. Con el calor, los soldados de plomo empezaron a *derretirse*.

3-4   Algunos conceptos. Da un ejemplo de estos conceptos en tu vida.

MODELO: el espíritu
El espíritu *de mi bisabuelo reside en mi corazón.*

1. la magia
2. el peligro
3. el protector
4. el miedo

3-5   ¿Son malignos o benignos? Ten en cuenta esta pregunta mientras vas leyendo la siguiente historia.

Algunos cadejos sirven de protectores a los campesinos.

La leyenda de los cadejos

Los protagonistas de nuestra leyenda son los cadejos; pero, ¿qué es un cadejo? Yo nunca me he encontrado con uno; sin embargo, mucha gente afirma que ha visto cadejos. Algunos dicen que es un animal del tamaño de un león, fiero y dañino. Según otros, es el mismo demonio que toma la forma de un perro negro con ojos de puro fuego. Hay quienes opinan que es un espíritu maligno y quien asegura que es benigno, pues más de una vez un cadejo le ha salvado la vida. También he tropezado con personas que me han aseverado° que los cadejos son perros mágicos, que en ocasiones se funden con el aire. A mí me gusta pensar que los

aseverar: afirmar

cadejos entienden de magia y que emplean ésta para ayudar a los necesitados. Y si no me creen, pero tienen un poco de paciencia y curiosidad, suspendan el juicio hasta oír esta breve historia.

En el pequeño país centroamericano de El Salvador, existe una cadena montañosa, paralela a la costa del Pacífico, en la que se hallan varios volcanes. Estos volcanes salvadoreños tienen unos habitantes muy especiales, los cadejos. Los cadejos son perros mágicos, que a veces parecen leones, a veces ciervos y de noche parecen lobos; y a veces se hacen transparentes como la brisa. Los volcanes son su hogar y se alimentan de las plantas que los cubren. Mucha gente piensa que los cadejos son descendientes de los volcanes.

Las personas que habitan en las laderas de los volcanes los quieren mucho, porque los cadejos las protegen. Un hombre me contaba que él nunca tiene miedo de visitar de noche a su novia, porque sabe que «alguien» lo acompaña. Una vez, al padre de un amigo mío, le salieron en el camino tres hombres con machetes, el «perro» que lo acompañaba se tiró encima de ellos y los hirió. Si un borracho se queda dormido a la vera del camino, siempre hay a su lado un cadejo que vela° su sueño. Los habitantes de los volcanes no temen el peligro, porque saben que un «espíritu» los guarda°.

velar: vigilar

guardar: proteger

Sin embargo, ¡no a todas las personas les gustan los cadejos! Los terratenientes, los dueños de las tierras de los volcanes, se quejan continuamente.

—¡Los campesinos ya no quieren trabajar!—grita el señor Mendoza.

—Claro—responde don Julián—, los cadejos siempre les ayudan si tienen algún problema. Ya no necesitan trabajar.

—¡Malditos cadejos! Hacen que la gente sea muy floja— chillaba doña Matildita, esposa de don Julián.

—¡Los trabajadores se están convirtiendo en unos perezosos!—confirmaban todos los reunidos en casa del señor Mendoza, mientras los criados les servían café y las criadas abanicaban sus húmedas frentes.

Los terratenientes decidieron terminar con el problema. Buscaron entre todos los juguetes de sus hijos y de su propia infancia: en antiguos baúles de color azul, en maletas llenas de parches , en los áticos de las viejas casonas, en los armarios de la cocina. Pero... ¿qué buscaban?: buscaban soldados de plomo. Cuando reunieron cientos de ellos, les dijeron:

—Soldados de plomo aquí reunidos, tenemos un problema muy gordo: ¡los cadejos! ¡Hay que acabar con ellos! Les prometemos a ustedes que, si terminan con todos los cadejos de los volcanes, les pintaremos con nuevos colores, más vivos y brillantes. También les arreglaremos todos los brazos, pies, orejas y narices rotos.

Muy contentos, los soldados de plomo se pusieron en camino y se dirigieron a los volcanes Tecapa y Chaparrastique, patria principal de los cadejos. Anduvieron y anduvieron, día y noche, por laderas llenas de lava y ceniza, pero no vieron ni un solo cadejo. Los cadejos se funden con la brisa, se transforman en rayo de sol, se visten como la noche: ¡son invisibles a los ojos de los soldaditos! Los soldados, furiosos, empezaron a arrancar todas las plantas de los volcanes.

—¡Cadejos, morirán de hambre!—dijeron, riéndose.

Ahora los cadejos sí estaban asustados de verdad. Pidieron consejo a sus amigos los volcanes. Tecapa y Chaparrastique les contestaron:

—No tengan miedo, tenemos un plan que no puede fallar.

Cuando, a la mañana siguiente, los soldados subían otra vez por sus pendientes, Tecapa y Chaparrastique comenzaron a soplar: "¡uuuuuuuuuh! " Los soldados de plomo exclamaron:

—¡Qué calor hace!

Poco a poco el calor se hizo insoportable. Los pies se les quemaban. Las piernas se les quemaban. Si se agachaban para coger plantas del suelo, las manos se les quemaban. Si querían sentarse para descansar, ¡el trasero° se les quemaba! ¡Los soldados empezaron a derretirse°! Estaban aterrorizados. Lloraban desconsolados. Por fin, decidieron marcharse de allí y dejar tranquilos a los cadejos.

Libres del peligro, la gente de los volcanes y los cadejos celebraron una gran fiesta, con baile, comida, música de guitarra y trompeta. Los terratenientes se marcharon de aquellos lugares, y la paz regresó a los volcanes de El Salvador.

bottom

derretir: to melt

Comprensión

3-6   ¿Quiénes son? Indica a quiénes describen estas oraciones. **C:** los cadejos; **Ca:** los campesinos; **T:** los terratenientes; **S:** los soldados

_____   1. Tienen el tamaño de un animal grande y feroz.

_____   2. A veces se funden con el aire.

_____   3. Protegen a los campesinos.

_____   4. Se derriten con el calor.

_____   5. Trabajan en el campo.

_____   6. Se enojan con los cadejos.

_____   7. Reciben la protección de los cadejos.

_____   8. Creen que los campesinos son perezosos.

_____   9. Destruyen la comida de los cadejos.

_____ 10. Se queman.

_____ 11. Prometen arreglar a los soldados si éstos terminan con los cadejos.

_____ 12. Sobreviven.

3-7   ¿En qué orden? Escribe la palabra (o palabras) que falta en cada oración, luego ponlas en un orden lógico.

_____   Los soldados no pudieron soportar _____.

_____   Algunos dicen que los cadejos son _____; otros que son benignos.

_____   Si una persona se dormía en el camino, el cadejo la _____.

_____   Creían que los _____ no trabajaban lo suficiente.

_____   La leyenda tiene lugar en El Salvador, donde los cadejos habitan _____.

_____   Lo que sí se sabe es que _____ son mágicos.

_____   Por eso, decidieron reclutar a los _____ de plomo para combatir a los cadejos.

_____   Así fue que los volcanes derrotaron a los soldados, quienes _____ para siempre.

_____   Los soldados _____ las plantas de los volcanes para quitarles la comida a los cadejos.

_____   Los volcanes empezaron a soplar _____ y ceniza.

_____   Y los campesinos, los cadejos y los volcanes pudieron vivir en _____.

_____   Pero a los _____ no les gustaban los cadejos.

2.2   3-8   ¿Un ser maligno o benigno? Analicen el carácter del cadejo. Compárenlo con otros seres nocturnos que conozcan, por ejemplo Drácula o el coco (*bogeyman*). ¿Cómo se asemejan y cómo se diferencian?

3-9   En tus propias palabras. Haz una lista de cinco o seis puntos importantes de esta leyenda. Luego úsalos para resumir la acción en tus propias palabras.

Extensión

▲▲ 3-10   Las leyendas y la naturaleza. A veces en las leyendas se explica un fenómeno natural. Conversen sobre cuál sería el fenómeno que se muestra en ésta.

▲▲ 3-11   ¿Quién es su protector/a? Describan las características y acciones de su protector/a personal. ¿Es un ser espiritual?, ¿una superstición?, ¿una persona o animal verdadero?

▲▲▲ 3-12   Un sindicato de obreros agrícolas. Tomen el papel de organizadores/as de un sindicato de campesinos/as. ¿Cuáles son los problemas que esperan resolver? ¿Cuáles son los beneficios y los peligros relacionados con organizarse en un sindicato?

▲▲ 3-13   Un noticiero. Escriban y presenten un reportaje para un noticiero de televisión. El reportaje puede iniciarse con una de las frases que siguen.

• Anoche, un poco después de las doce, un campesino vio un cadejo...
• Los terratenientes piden que los campesinos trabajen más...
• El volcán Chaparrastique entró en erupción anoche...
• Abundan los rumores sobre los cadejos en... (su ciudad)

3-14   Estimado señor. Toma la posición de un terrateniente y escribe una carta al Virrey en la que te quejas de los campesinos y de los cadejos. No te olvides de usar un registro formal.

> *San Salvador*
> *el 22 de diciembre de 1620*
>
> *Ilustrísimo Virrey de Nueva España:*
>
> *Me atrevo a escribir a su reverencia, con objeto de solicitar su ayuda para arreglar un problema que tenemos nosotros, los terratenientes de esta región...*

Capítulo 4

Los amantes de Teruel
España

Teruel, una encantadora ciudad de origen medieval.

Preparación

El contexto cultural

Dentro de las calles serpentinas de su ciudad amurallada°, entre las torres mudéjares[1] de sus iglesias medievales, nació en la ciudad aragonesa° de Teruel una bella historia de amor que sigue inspirando las fantasías románticas aun hasta hoy. Ésta es la

walled

de la región española de Aragón

---

[1]Arte mudéjar es el nombre que se da a la producción artística de los musulmanes que vivían en territorio cristiano en la España medieval. Los mudéjares eran los musulmanes que, tras la reconquista de un lugar, quedaban viviendo bajo dominio cristiano.

historia de «Los Amantes de Teruel», la historia de Juan e Isabel, la historia de un beso negado y de un beso concedido. Según la leyenda, Juan Diego Martínez de Marsilla e Isabel de Segura eran dos hermosos jóvenes del siglo XIII que se enamoraron, pero quienes no podían casarse por razones familiares. Entonces, Juan (quien en otras versiones de la leyenda se llama Diego y en otras lleva el nombre de Martín) salió de Teruel en busca de fortuna. Después de ganar dinero y honor en las guerras de la Reconquista[2], Juan volvió a Teruel ansioso de casarse con Isabel. Desgraciadamente, llegó a la ciudad demasiado tarde.

Hasta hoy en día no se ha podido determinar si la leyenda es verdadera o falsa. En 1555 ó 1560, dos cadáveres identificados como Juan e Isabel fueron encontrados en la iglesia de San Pedro y luego fueron enterrados en una capilla al lado de dicha iglesia. Esta capilla hoy se conoce como el Mausoleo de los Amantes, donde el visitante puede ver dos sepulturas del siglo XIX sobre las cuales reposan representaciones dramáticas en mármol° de los dos amantes trágicamente muertos. Tanto si se basa en hechos verídicos como si no, la leyenda de «Los Amantes de Teruel» ha inspirado a algunos de los dramaturgos más famosos de la literatura española, como a Juan Hartzenbusch[3]. Actualmente el visitante de Teruel puede andar por las mismas calles que pisaron° Juan e Isabel, y pasar por el mismo arco por donde salió Juan en busca de fortuna, en una ciudad espléndida de cerámica y ladrillo° que ha sido declarada Patrimonio Artístico de la Humanidad por las Naciones Unidas.

una piedra blanca

por donde caminaron

brick

---

[2]Tras la invasión de los musulmanes en 711, casi toda la Península Ibérica quedó sometida a su autoridad. Se llama Reconquista al período en que se produjo la recuperación, por parte cristiana, del territorio ocupado por los musulmanes y cuya culminación fue la toma de Granada en 1492.

[3]Escritor español (1806–1880). Es conocido sobre todo por sus dramas históricos. Entre otros destaca *Los Amantes de Teruel* (1837).

La tumba de Juan e Isabel, los amantes de Teruel.

Actividades

4-1 Ubíquense en el escenario. Localicen la ciudad de Teruel en un mapa de España. Describan su ubicación con respecto a otras ciudades y regiones. ¿Cómo es la topografía? ¿Cómo será su clima? ¿Cómo estaba dividida España étnicamente en esos momentos de la Reconquista? Busquen un mapa de la Reconquista en una enciclopedia o en una página de la red informática. Imaginen que están en Teruel. Usando la imaginación y lo que saben de la Europa del siglo XIII, túrnense para describir lo que verían (el estilo de vestir, de transporte, de vender, etc.).

4-2 De viaje. Usa la foto al comienzo de este capítulo como tarjeta postal e imagina que hoy estás en Teruel. Escribe por lo menos cinco frases en las que comparas tus impresiones de Teruel con tu ciudad o pueblo. Cambia tu "tarjeta" con la de un/a compañero/a para comparar.

4-3 Otra leyenda. La leyenda de «Los Amantes de Teruel» tiene mucho en común con Romeo y Julieta de Shakespeare. Júntense para contar de nuevo la historia de los amantes de Verona.

4-4   Expresiones nuevas. Empareja las expresiones en itálica con su sinónimo o definición. Luego escribe otra oración completa usando la expresión en itálica.

MODELO: Era un joven muy *apuesto*; todos lo admiraban por ser tan guapo.
           En la política, los hombres apuestos *y adinerados tienen más éxito.*

____ grito	1. La joven *doncella* tenía 15 años.
____ te cases	2. Actualmente, los jóvenes *yacen* en la misma tumba.
____ juzgarle culpable	3. Desgraciadamente, su *dicha* no duró mucho y pronto todo les fue muy mal.
____ caja del muerto	4. El joven sintió un dolor que era como un *quejido*.
____ mudos	5. En el corazón de Isabel *brotó* la esperanza. Su cara rellenó de alegría.
____ es de	6. *He hecho votos* de no casarme por cinco años.
____ apareció	7. Es mi deseo que *te desposes* con otro.
____ señorita	8. El joven furioso *se precipitó* a casa de su novia.
____ se dirigió	9. La joven se despertó *espantada* y echó un grito de alarma.
____ descansan	10. El joven, *arrebatado* por el dolor, gritó el nombre de su amante.
____ he prometido	11. Momentos después, el matrimonio entró en el *tálamo* nupcial y se acostó.
____ suerte	12. Ya no soy tuya; mi amor *pertenece* a mi marido.
____ cama	13. El marido creía que la gente le iba a *echar la culpa* de la muerte de su rival.
____ aterrorizada	14. La novia se acercó al *féretro* y besó la cara de su amado muerto.
____ llevado	15. Los asistentes al funeral estaban *atónitos*.

4-5   La vida de la mujer. En la Edad Media, la vida de la mujer era muy diferente a la de hoy. En grupos de dos o tres estudiantes, imaginen cuales serían las diferencias entre la vida de la mujer de hoy y la de la Edad Media. Preparen una lista de por lo menos seis diferencias.

4-6   ¿Cómo serían los personajes? Mientras vas leyendo la historia, trata de formarte una imagen de los personajes principales, tanto de su aspecto físico como de su personalidad.

Cuando se conocieron, Marsilla tenía 22 años; Isabel sólo 15.

Los amantes de Teruel

En la ciudad española de Teruel, en 1217, fueron enterrados juntos en un sepulcro de alabastro, en la iglesia de San Pedro, Juan Diego Martínez de Marsilla e Isabel de Segura. ¿Quiénes eran? ¿Por qué yacen uno al lado de la otra? He aquí la historia.

Era Marsilla un joven muy apuesto de la ciudad de Teruel. Un buen día, contaba Marsilla alrededor de veintidós años, sus ojos tropezaron con la hermosura de Isabel, doncella de quince abriles. Mirarse a la cara y enamorarse todo fue uno para los dos jóvenes. Sus corazones se juraron fidelidad y sus labios, amor eterno. Mas, ¡funesto° destino!, su dicha no duró mucho y sus desgracias pronto empezaron.   *desastroso*

—Don Juan, yo aprecio a vuestra merced°, pero nuestra familia es una de las grandes del Reino, y vuestra merced apenas tiene bienes° dignos de consideración. Mi hija debe casarse con un hombre de su posición social y hacienda.   *forma antigua de respeto*

p.ej., casa, dinero, caballos

Marsilla, por sus venas corriendo un quejido, se lo contó a su amada. Isabel, llorando sus ojos y con el corazón partido, le respondió:

—Juan, yo no iré contra la voluntad° de mi padre. No   *deseo*
puedo casarme contigo sin su consentimiento.

—Isabel, si tú me quieres esperar cinco años, yo iré a la
guerra y buscaré, ya por mar, ya por tierra, las riquezas que
me permitan ser tuyo.

En el corazón de Isabel brotó la esperanza y le concedió,
con alegría, los cinco años de plazo. Por cinco años, Marsilla   *Habitante u originario*
peleó contra los moros°, ya por tierra, ya por mar, ganando   *del África del Norte.*
fama y fortuna. Durante este tiempo, don Pedro presionaba   *Se llama así también*
a su hija para que se casara. Ésta se excusaba: *al musulmán que*
     habitó en España
—He hecho votos de no casarme hasta cumplir los cinco   *desde el siglo VIII*
años. Las mujeres no deben unirse a un hombre hasta saber   *hasta el XV.*
cómo administrar su casa.

Aquellos cinco años pasaron rápidamente, demasiado. Al
cabo de estos años, don Pedro dijo a Isabel:

—Hija mía, el plazo se ha cumplido. Es mi deseo que te
desposes con don Rodrigo de Azagra.

Una Isabel resignada aceptó la voluntad de su padre: la
boda se celebró unos días después. Pero, ¡hado° cruel!, la   *destino*
misma tarde en que se casaban Isabel y Azagra, llegó Marsilla
a Teruel rico y con salud. Cuando supo que Isabel acababa de
unirse en matrimonio a otro hombre, la angustia acumulada
durante cinco años estalló en un gemido sordo y prolongado.
Marsilla, fuego en las pupilas, se precipitó a casa de los recién
casados, se metió en la alcoba y se escondió debajo de la
cama. Momentos después, el matrimonio entró en el tálamo
nupcial y se acostó. Tan pronto como se quedaron dormidos,
salió Marsilla de debajo de la cama y despertó a Isabel:

—Isabel, he vuelto. ¿Por qué no me esperaste? ¡Soy yo,
Marsilla!

Isabel se despertó espantada:

—¡Dios mío, Marsilla! ¡Perdóname, Juan! ¡Perdón,
perdón!... ¡Márchate! ¡Márchate ahora, por favor!—susurró
Isabel al borde de la locura.—¡No quieras que yo pierda mi
honra!

Marsilla, arrebatado por el dolor y el recuerdo, gritó
silenciosamente:

—¡Isabel, bésame!, ¡que me muero!

—Marsilla, te lo ruego por mi honor, ¡vete! Me he casado, ya no soy tuya. Mis besos pertenecen a mi marido.

—¡Bésame!, ¡que me muero!

Estas palabras agónicas fueron las últimas que Marsilla pronunció antes de morir. Isabel, horrorizada, empezó a lamentarse en voz alta. Su marido despertó sobresaltado:

—¿Qué te pasa amor mío? ¿Qué tienes?

Isabel inventó una excusa rápidamente:

—¡Un sueño, un sueño terrible! Algo horrible le sucedió a mi amiga en este sueño.

Lo que Isabel contó a Azagra acto seguido fueron los acontecimientos de aquella noche como si solamente fueran un lance° ocurrido a una amiga en un sueño. Cuando terminó el relato, preguntó a su esposo qué pensaba de la conducta de su amiga.

incidente

—Tu amiga fue una necia. Debió besar a su amante—fue la respuesta de Azagra.

—Necia sí, pero honrada—contestó Isabel. Entonces, le dijo la verdad a su marido y le mostró el cadáver de Marsilla.

Azagra, aterrado y temeroso de que le echaran la culpa de aquella muerte, sacó de la habitación el cuerpo del amante. Con ayuda de Isabel, lo dejó delante de la puerta de la casa del padre de Marsilla. A la mañana siguiente, éste encontró el cuerpo sin vida de su hijo. Entre lágrimas y suspiros, el desconsolado padre le organizó un gran entierro en Teruel.

Llevaron el cuerpo de Marsilla a la iglesia de San Pedro para darle sepultura. En medio de esta iglesia, colocaron el túmulo° donde introdujeron el cadáver. Isabel, presente durante la ceremonia, se acercó al féretro, descubrió la cara de Marsilla y, desbordada de amor, pesar y arrepentimiento, besó el rostro de su amado muerto. Tan pronto como lo besó, cayó muerta al pie del sepulcro, exclamando:

burial mound

—¡Tuya muero!

Los asistentes al funeral estaban atónitos. Azagra, el esposo de Isabel, a todos contó la verdad del caso. Teruel entera se conmocionó. Viendo tan gran amor, se decidió enterrar a los dos amantes juntos, en el mismo sepulcro, en

la iglesia de San Pedro de Teruel. Isabel y Marsilla por fin
podían reposar la una junto al otro; y por fin pudieron celebrar sus bodas póstumas.

Así se acaba la historia de los Amantes de Teruel.

Comprensión

4-7   Cierto o Falso. Lee cada frase y decide si es cierta o falsa. Corrige las que
son falsas.

1. La familia de Marsilla era noble y adinerada.

2. El padre de Isabel le pidió que esperara tres años antes de casarse.

3. Al final Isabel se casó con Rodrigo de Azagra.

4. Marsilla regresó a Teruel con fama y mucho dinero.

5. Marsilla entró en la recámara nupcial del matrimonio para hablar con Isabel.

6. El esposo de Isabel creyó inmediatamente que la historia que le contó Isabel
   se trataba de ella misma y no de su amiga.

7. Azagra opinó que "la amiga" del sueño de Isabel era tonta por no haberle
   besado al novio.

8. Azagra temió que le echaran la culpa de la muerte de Marsilla.

4-8   Volver a contar. Las siguientes frases pueden servir para contar de nuevo la
historia de los Amantes de Teruel. Ponlas en orden y luego termina cada frase.

_____ Se decidió enterrar a los dos…

_____ Marsilla llegó de nuevo a Teruel y…

_____ Isabel dijo: "Me caso cuando…"

_____ Pedro Segura se opuso a Marsilla como esposo para Isabel porque…

_____ La noche de la boda, Marsilla…

_____ Marsilla se murió de…

_____ En el entierro de Marsilla, Isabel…

_____ Isabel se enamoró de…

_____ Azagra creía que…

_____ Marsilla salió de Teruel, prometiendo…

Extensión

4-9   El corazón roto. Se dice que Isabel se murió por tener el corazón roto. ¿Es posible morir de tristeza? ¿Por qué sí? ¿Por qué no? Si no murió por tener el corazón roto, ¿de qué murió? Cambien impresiones y prepárense para presentar sus ideas a la clase.

4-10   En la casa de los Segura. Hagan el papel de dos sirvientes/as en la casa de Isabel. Chismeen sobre la situación en su casa y expresen sus opiniones añadiendo detalles según su imaginación.

4-11   Escogiendo pareja. Hoy en día en muchas partes del mundo los padres suelen buscar pareja para sus hijos. Existen razones muy fuertes para seguir esta tradición. ¿Cuáles son? ¿Existe esta tradición en este país?

4-12   Pónganse en su lugar. ¿Bajo qué circunstancias esperarían a un/a novio/a mientras él/ella completara un deber? Formen grupos de tres o cuatro para cambiar opiniones.

4-13   La petición de mano. Uno/a hace el papel de Marsilla y el/la otro/a el de Pedro Segura. Marsilla pide la mano de Isabel y trata de convencer al padre de que le permita casarse con ella. Pedro Segura, en cambio, tiene otra opinión.

4-14   Administrar la casa. Isabel dijo que no se casaría hasta saber cómo administrar su casa. Compara lo que probablemente significaba en esa época con lo que significa hoy en día.

Año 1217	**Año 2001**
manejar a los sirvientes...	limpiar la casa y utilizar varias máquinas...

4-15   Desde otro punto de vista. Cuenta la historia de los Amantes de Teruel desde el punto de vista de Isabel o de Juan. ¿Qué hacía Isabel mientras esperaba? ¿Cómo lo pasaba Juan en la guerra contra los moros? Puedes hacerlo oralmente o en forma de una entrada de diario.

4-16 Necrología. Escribe un anuncio para el periódico, dando los detalles de la muerte de los amantes, el entierro, las reacciones del pueblo, de las familias. Puedes usar el siguiente encabezamiento como modelo:

Ayer, a las tres de la tarde, en el domicilio de los recién casados, don Rodrigo de Azagra y su señora, falleció...

Capítulo 5

Los novios
México

Los volcanes Ixtaccíhuatl y Popocatéptl.

Preparación

El contexto cultural

Llevando unas coronas de nieve, los volcanes gemelos° Popocatéptl e Ixtaccíhuatl se asoman majestuosamente en el horizonte mexicano. Visibles desde las ciudades de México y de Puebla, los dos se encuentran entre las montañas más altas de la

hermanos que nacen el mismo día

América del Norte. Sin embargo, para muchas personas, la fama de estas dos magníficas formaciones geológicas descansa en las creencias que han inspirado desde los tiempos precolombinos hasta hoy. Esta leyenda destaca el sincretismo° de la cultura azteca y la española; los dos volcanes son un guerrero y una princesa cuyo amor eterno ha perdurado a pesar de la traición°, el engaño° y aun la muerte. Popocatéptl es el volcán-guerrero, el más alto y más activo de los dos. Su nombre quiere decir «montaña que humea» en náhuatl, el idioma de los aztecas. Ixtaccíhuatl es la fallecida° princesa azteca. El nombre de este volcán es la expresión en náhuatl para «dama blanca». Muchas personas que hoy habitan la falda de las montañas llaman a los volcanes «Don Gregorio Chino» y «Doña Rosa», contando una versión hispanizada de la leyenda azteca. Se cree que

blending

treason / deceit

muerta

Popocatéptl no entrará en erupción si se le ofrecen regalos.

«Don Gregorio» controla la lluvia y que no entrará en erupción si los habitantes le ofrecen regalos, como instrumentos musicales, por ejemplo. Estas creencias han complicado los planes de evacuación, puesto que muchos de los habitantes no creen que haya peligro. No es de extrañar° que en las dos leyendas se hayan atribuido características femeninas al monte Ixtaccíhuatl, porque en su perfil se puede distinguir la figura de una mujer recostada°.

No es raro

dormida

Aunque Ixtaccíhuatl no ha entrado en erupción desde 1868, Popocatéptl recientemente ha estado tan activo que el gobierno mexicano ha tenido que prohibir el alpinismo en el parque nacional que incluye su cima°. Desgraciadamente, cinco alpinistas que no hicieron caso del decreto° murieron en una pequeña erupción en 1996. Seguramente éstas no fueron las primeras víctimas del Popocatéptl: unos meses después se descubrieron los restos de una manada de mamuts°, que fueron enterrados vivos en el barro y a ceniza° del volcán. La atracción mística de las montañas continúa hoy debido a los clarividentes°, que tratan de predecir sus erupciones, y a otras personas que investigan la supuesta aparición de OVNI°, por encima de sus cumbres.

pico
la orden

un grupo de animales prehistóricos
los materiales que echa el volcán cuando entra en erupción
personas que predicen el futuro
"objeto volante no identificado"; UFO

Actividades

5-1 Los héroes. Piensa en dos o tres héroes de la literatura o de la historia. Escribe un párrafo en que describas las cualidades tanto físicas como espirituales de estas personas. ¿A qué deben su renombre? ¿Qué tienen en común? ¿Cómo se diferencian?

5-2 Los sacrificios. Consideren los sacrificios que harían en las siguientes circunstancias.

MODELO: para asegurar una buena nota en una clase importante para tu carrera
      E1: *No vería la televisión por todo un semestre.*
      E2: *No saldría de parranda durante la semana.*
      E3: *Buscaría un tutor que me ayudara.*

para merecer el amor de una persona

para conseguir el trabajo que quieres

para no tener que separarte de una persona querida

para ayudar a un amigo que te necesita

para servir a tu patria

5-3   Expresiones nuevas. Adivina el significado de estas palabras por su contexto en las frases. Después escribe otras frases usando las mismas palabras que están en itálica.

MODELO: En la leyenda de «Los novios», un traidor (*traitor*) *engañó* a la novia del héroe diciéndole que éste estaba muerto.
A veces, los políticos engañan al público con sus promesas.

1. El emperador quería consultar a los guerreros más valientes de su reino. Por eso, los *convocó* en el salón del trono.

2. La noticia de la guerra causó mucho *alboroto* entre los guerreros; por eso, no se podía oír el discurso del emperador.

3. Se oyó un gran *rugido* al nombrar al joven Popocatéptl, el más valiente de todos los guerreros del reino.

4. El guerrero tenía que *derrotar* a los enemigos del imperio para ganar la mano de su amada.

5. El amor entre los dos jóvenes, bello como una rosa, *floreció* en la primavera.

6. Un guerrero no quería que Popocatéptl tuviera éxito; él también amaba a la princesa y tenía *celos* de Popocatéptl.

7. Cuando llegó a la capital, el guerrero fue directamente a ver al emperador y *se arrodilló* a sus pies.

8. En ese momento hubo un gran silencio por todas las *estancias* del palacio del emperador.

5-4   Una promesa. En esta leyenda verás el poder de una promesa cumplida. Mientras lees la leyenda, piensa en el sacrificio que el héroe tiene que hacer para cumplir la promesa a su amada.

Los novios

Hace mucho tiempo, había un gran emperador azteca cuyo mayor tesoro era su hija, la muy hermosa Ixtaccíhuatl. Los aztecas, como toda nación poderosa, tenían muchos enemigos. Un día, este emperador recibió malas noticias. Sus peores enemigos planeaban un ataque contra su pueblo. El emperador era ya viejo, él no podía ser el jefe de sus soldados en una lucha despiadada° y cruel. Por eso, convocó en el salón del trono a todos los guerreros jóvenes y valientes del imperio. El emperador les dijo:

feroz

—He recibido noticias terribles. Nuestros peores enemigos están planeando un ataque enorme contra nuestras fronteras. Yo ya soy viejo, no puedo mandar las tropas. Necesito un jefe para mi ejército. Elijan entre ustedes al guerrero más valiente, más fuerte y más inteligente, y yo le nombraré capitán de mis ejércitos. Si ganamos la guerra, no sólo le daré todo mi imperio, sino también mi joya más preciada: mi hija, la bella princesa Ixtaccíhuatl.

En la sala hubo mucho alboroto°, un gran rugido° se   *ruido / grito*
elevó de las gargantas; todos los guerreros gritaron al mismo tiempo un solo nombre:

—¡Popocatéptl! ¡Popocatéptl! Popocatéptl es el más valiente, Popocatéptl es el más fuerte y el más inteligente. Popocatéptl va a derrotar a nuestros enemigos. ¡Viva Popocatéptl!

Los jóvenes guerreros levantaron a Popocatéptl en hombros y lo llevaron hasta el emperador. Éste le miró a los ojos y le dijo:

—Popocatéptl, la suerte de nuestro pueblo está en tus manos. Tú eres el nuevo jefe del ejército azteca. El enemigo es poderoso. Si vences, te daré mi trono y la mano de mi hija, la bella princesa Ixtaccíhuatl. Pero si eres derrotado°, no vuelvas.   *vencido*

Popocatéptl tenía una tarea muy difícil ante él. Estaba preocupado y feliz: preocupado por la guerra, pero ¿por qué estaba feliz? Nadie lo sabía. El secreto que guardaba era que él e Ixtaccíhuatl se amaban. Se habían conocido hacía un año caminando entre aguacates, y el amor floreció en sus ojos desde la primera mirada. La guerra sería dura, sería difícil, sería terrible; pero con la victoria, sus sueños de amor se verían cumplidos.

La noche antes de partir para la lucha, Popocatéptl fue a despedirse de Ixtaccíhuatl. La encontró paseando entre los canales. La princesa estaba muy triste, le dijo a su amado:

—Tengo miedo de que mueras. Ten mucho cuidado, mi amor. Regresa sano y salvo. Sé que no podré seguir viviendo si tú no estás conmigo.

—Volveré, volveré por ti. Nos casaremos y siempre, siempre, permaneceré a tu lado—contestó Popocatéptl.

Popocatéptl salió de la capital al mando de los jóvenes soldados. La guerra resultó sangrienta, larga, feroz. Pero Popocatéptl era el más fuerte. Popocatéptl era el más inteligente. ¡Nadie era más valiente que Popocatéptl! «¡Viva Popocatéptl!»

El ejército azteca triunfó contra sus enemigos. Todos los guerreros se alegraron. Todos celebraron la victoria. ¿Todos? Había un guerrero que no se alegró, un guerrero que no celebró la victoria. ¿Qué le pasaba? Este guerrero tenía celos de Popocatéptl. Deseaba todo lo que Popocatéptl poseía. El quería ser el nuevo jefe del ejército azteca y él deseaba casarse con la princesa Ixtaccíhuatl.

Los soldados aztecas se prepararon para regresar a la capital. Sin embargo, el guerrero celoso salió más pronto, corrió tan rápidamente que llegó un día antes que el resto del ejército. Fue donde el emperador. Se arrodilló° a sus pies *se puso de rodillas* y le anunció que Popocatéptl había muerto en el primer día de lucha; que él, y no Popocatéptl, fue el guerrero más fuerte y valiente; que él, y no Popocatéptl, fue el jefe del ejército en la batalla.

El emperador, quien apreciaba de verdad a Popocatéptl, se entristeció profundamente. Su rostro se oscureció de dolor; pero él había hecho una promesa y él tenía que cumplirla. Le ofreció al guerrero celoso todo el imperio azteca y la mano de su hija. Al día siguiente había una gran fiesta en el palacio, con flores, música, bailes y concursos de poesía. Ese día se celebraban las bodas de la bella princesa y de aquel guerrero. De repente, en mitad de la ceremonia, Ixtaccíhuatl gritó: «¡Ay mi pobre Popocatéptl! No podré vivir sin ti». Y ella cayó muerta en el suelo.

En ese momento, los otros guerreros aztecas con Popocatéptl a la cabeza entraron ruidosamente en el palacio. Popocatéptl quería su recompensa y sus ojos buscaron a su amada por las salas. Nadie habló. Un gran silencio ocupó todas las estancias°. Las miradas se dirigieron a la princesa *salas* muerta. Popocatéptl vio a Ixtaccíhuatl. Corrió a su lado. La tomó en brazos, le acarició el pelo y sollozando° le susurró: *llorando*

—No te preocupes, amor mío. No te dejaré nunca sola. Estaré a tu lado hasta el fin del mundo.

La llevó a las montañas más altas. La puso en un lecho de flores y se sentó a su lado, para siempre, lejos de todos. Pasó el tiempo y, por fin, uno de los buenos dioses se compadeció° *sintió pena* de los dos amantes: los transformó en volcanes.

Desde entonces, Ixtaccíhuatl ha sido un volcán tranquilo y silencioso: permanece dormido. Pero Popocatéptl tiembla de vez en cuando. Cuando su corazón sangra°, suspira y vierte° *bleed / derrama* lágrimas teñidas° de fuego. Entonces, todo México sabe que *el color de* Popocatéptl llora por su amor, la hermosa Ixtaccíhuatl.

Popocatéptl la llevó a las montañas más altas.

Comprensión

5-5 ¿Quién lo habrá dicho? Indica el personaje que habrá hecho cada una de las siguientes declaraciones, exclamaciones o preguntas. Después, ponlas en un orden lógico según la leyenda que acabas de leer. (**E:** El emperador azteca; **P:** Popocatéptl; **I:** Ixtaccíhuatl; **G:** El guerrero celoso)

identidad   **orden**

_____   _____   ¡No soporto a ese guerrero!

_____   _____   Se murió en la batalla contra los invasores.

_____   _____   Nunca me casaré con él.

_____   _____   Nunca dejaré de estar a tu lado.

_____   _____   Sacrificaría mi vida por mi patria.

_____   _____   Los que vean mis lágrimas ardientes sabrán de mi dolor.

_____   _____   ¡Soy yo el más fuerte, no Popocatéptl!

_____   _____   ¡Mi única hija se ha muerto!

_____   _____   ¡Tengo miedo de que algo te pase!

_____   _____   ¿Quién es el más fuerte y más valiente entre todos los guerreros?

_____   _____   Volveré victorioso y celebraremos nuestra boda.

_____   _____   Tengo que proteger mi reino de los invasores.

_____   _____   En ese caso, te doy la mano de mi hija.

5-6 Una caracterización. Escribe una lista de adjetivos y frases para describir a cada uno de los personajes. Luego, escribe un párrafo de 8–10 líneas en que hagas un retrato de uno de ellos.

5-7 Identificar la secuencia. Identifica las siguientes partes de la leyenda.

1. La escena
2. El problema
3. La complicación
4. El clímax
5. El desenlace

👥 5-8   Resumir. Trabajen juntos/as para resumir la trama. Deben incluir las partes que identificaron en el ejercicio anterior.

Extensión

👥 5-9   Pónganse en la escena. Creen el diálogo entre algunos de estos personajes.

1. El emperador y el guerrero celoso cuando éste vuelve al palacio
2. Popocatéptl y su mejor amigo antes de salir a la guerra
3. Ixtaccíhuatl y su madre antes de su boda con el guerrero celoso
4. Los dioses, después de la muerte de Ixtaccíhuatl
5. Popocatéptl, frente a la tumba de Ixtaccíhuatl

👥 5-10   Una comparación. ¿Cómo se asemejan estos novios a los de Teruel y cómo se diferencian? ¿Cuáles son las circunstancias históricas y sociales de cada leyenda? ¿Con qué leyenda se identifican más ustedes? ¿Por qué?

5-11   El valor y el riesgo. Mucha gente se anima con el peligro, por ejemplo, los que corren el riesgo de practicar alpinismo cuando el volcán está activo. Estas personas se llaman «busca emociones», es decir, se emocionan con el peligro. ¿Qué otras actividades populares se consideran peligrosas? ¿Qué tipo de persona las practica? ¿Bajo qué circunstancias las practicarías tú?

5-12   Los volcanes y sus efectos. Investiga cuáles han sido los volcanes activos durante el último siglo. (Puedes buscar la expresión "volcán" en la red informática.) Escribe un párrafo sobre uno en que incluyas esta información:

- el efecto que ha tenido sobre el clima, el medio ambiente, la economía y el bienestar de la gente que vive alrededor
- el tiempo que ha tomado o que va a tomar recuperar el medio ambiente
- las predicciones que hacen para la próxima erupción

5-13   Los pueblos indígenas de México. Busca información en una enciclopedia o en la red informática sobre los pueblos indígenas de México. En el mapa a continuación, identifica el territorio que controlaba cada una de estas naciones del México precolombino.

1. los aztecas
2. los mayas
3. los olmecas
4. los toltecas
5. los zapatecas

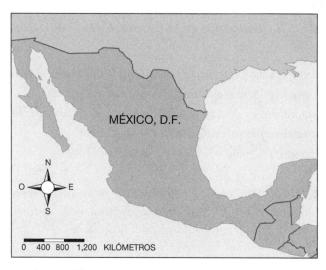

5-14   Ubícalos en el tiempo. Ahora, sitúa la época de influencia de cada grupo en una cronología. Incluye también fechas y acontecimientos importantes del mundo occidental u oriental.

MODELO:

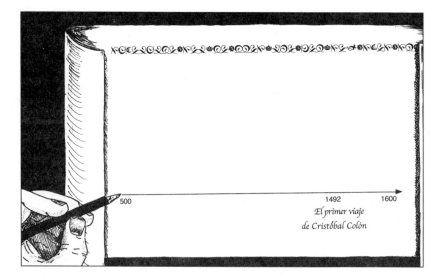

👥 **5-15 ¿Qué le ofrecen a don Gregorio?** Para apaciguar al volcán, mucha gente le lleva regalos, por ejemplo, instrumentos musicales o prendas femeninas. Hagan una lista de artículos que le ofrecerían al volcán y expliquen la razón para cada regalo.

👥 **5-16 El fin del mundo.** Los aztecas predecían el fin del mundo por algún cataclismo (fuego, tormenta) cada 52 años. Si hicieran una predicción para la próxima catástrofe, ¿cómo sería?, ¿quiénes sobrevivirían?, ¿cómo cambiarían su vida sabiendo el tiempo que les quedaba?

👥 **5-17 El jurado.** Después de la muerte de Ixtaccíhuatl, el emperador y sus consejeros insisten en juzgar al guerrero celoso por sus delitos. Tomen el papel de los siguientes personajes en el juicio del guerrero. El jurado decidirá el futuro del guerrero celoso.

Guerrero celoso

Juez

Emperador

Abogado

Otros testigos

Jurado

5-18 La confesión. Imagina que eres el guerrero celoso y que el juez te ha sentenciado por cometer perjurio. Como parte de tu sentencia, tienes que pedirle disculpas a Popocatéptl por tu engaño. Escríbele una carta en la que le expliques tus motivos y le pidas perdón por lo que has hecho. Puedes empezar tu carta con el siguiente saludo.

Valle de Anáhuac, México

Estimado Popocatéptl:

Soy el cobarde engañador...

Capítulo 6

Las once mil vírgenes

Puerto Rico

La intervención de Santa Úrsula protege la isla de los invasores ingleses.

Preparación

Contexto cultural

Santa Úrsula fue una mártir cristiana que, según la tradición, murió a manos de los hunos° en el siglo IV. En la leyenda puertorriqueña de «Las once mil vírgenes», la intervención de Santa Úrsula funciona como explicación de un acontecimiento histórico verdaderamente increíble: la retirada° inesperada de las tropas inglesas de la isla en 1797, justamente cuando éstas estaban a punto de conquistar la ciudad de San Juan. También la imagen de Santa Úrsula y las once mil vírgenes que la acompañan sirve como metáfora de las víctimas de las repetidas invasiones de la isla.

Huns

retreat

Aun antes de la llegada de Colón en 1493, los pacíficos habitantes de la isla, los taínos, habían sido atacados por los belicosos caribes, otra tribu indígena que venía desde las tierras del sur y cuyos miembros posiblemente eran caníbales. Luego, los taínos perdieron la isla frente a los nuevos invasores de Europa y su querido Borinquen se convirtió en la colonia española de Puerto Rico. Durante las constantes guerras entre España y Holanda e Inglaterra, la isla de Puerto Rico fue invadida varias veces. Sin embargo, a diferencia de otras colonias, tales como Jamaica y Trinidad, se quedó en manos españolas. La última invasión de Puerto Rico, que tuvo lugar después del milagro de 1797, ocurrió en 1898, cuando los norteamericanos se apoderaron° de la isla poniendo fin a más de cuatrocientos años de dominio español.

apoderarse: to take control

La imagen de Santa Úrsula y sus once mil vírgenes es una buena representación de los muertos inocentes de Puerto Rico, porque aquéllas fueron martirizadas durante la invasión huna de Alemania por no arrepentirse de su fe cristiana. Según la tradición, Úrsula era una princesa bretona, aunque en algunas versiones es británica y en otras la prometida del rey inglés, que volvía de un peregrinaje° a Roma con sus once mil damas de honor. Hoy en día, en el escudo de la ciudad alemana de Colonia, donde Úrsula y sus damas fueron asesinadas, aparecen once gotas° o llamas° negras sobre un fondo blanco que representan las once mil vírgenes y el manto de armiño° que Úrsula llevaba.

pilgrimage

drops / flames
una piel fina

Actividades

6-1 Identificación. Estos personajes, lugares, fechas y conceptos figuran en la historia de Puerto Rico y/o en la leyenda que vas a leer. Identifícalos según lo que acabas de leer o tu propio conocimiento.

MODELO: los taínos
Poblaban la isla que ahora conocemos como Puerto Rico.

1. un estado libre asociado (*commonwealth*)
2. los caribes
3. 1898
4. Santa Úrsula
5. San Juan
6. las once mil vírgenes
7. 1493
8. 1797

6-2 Expresiones nuevas. Adivina el significado de las palabras y expresiones en itálica por su contexto en las frases. Después escribe frases originales usando las mismas palabras o una variación de ellas.

MODELO: Los *belicosos* caribes, cuyos miembros posiblemente eran caníbales, atacaron a los pacíficos taínos que poblaban la isla. (*bélico/a*)
Muchos historiadores opinan que la intervención de los Estados Unidos en la política de Panamá fue una acción bélica.

1. Los piratas *disputaban* a España el dominio de los mares. (*disputar*)
2. Sir Ralph Abercromby, después de *haberse apoderado* de la isla de Trinidad, decidió conquistar más territorios para su país. (*apoderarse*)
3. Se hizo de nuevo a la mar con una escuadra de 60 naves y *puso rumbo* a la isla de Puerto Rico. (*poner rumbo*)
4. Ramón de Castro *tuvo noticia* de la aparición de los navíos ingleses y puso a sus tropas en posición de combate. (*tener noticia*)
5. De Castro *tomó las medidas* necesarias para la defensa de la ciudad. (*tomar medidas*)
6. *Se rodeó* la ciudad de baterías de cañones emplazadas en lanchas. (*rodear/se*)
7. *Se promulgó* un bando para que mujeres, ancianos y niños evacuaran San Juan. (*promulgar*)
8. El ejército inglés *se aproximaba* a San Juan, pero nunca llegó. (*aproximarse*)

9. Abercromby detuvo su marcha y con sus cañones *puso sitio* a la ciudad. (*poner sitio*)

10. Los cañones no descansaban *ni de día ni de noche*.

11. El juez diocesano *se presentó* ante el obispo Trespalacios. (*presentar/se*)

12. Los alimentos empezaron a *escasear*. Al cabo de unos días no había nada que comer.

👥 6-3 Una situación desesperada. Bajo el ataque de los ingleses, los ciudadanos de San Juan no tenían muchas opciones. Antes de leer la leyenda, preparen una lista con las disposiciones que se podrían tomar para salvar la ciudad y sus habitantes, y para rechazar el ataque y el dominio de los ingleses. Luego presenten su lista a la clase para preparar un consenso.

Puerto Rico fue amenazado por numerosos enemigos.

Las once mil vírgenes

A finales del siglo XVIII, las posesiones españolas del mar Caribe se veían amenazadas por numerosos enemigos: ingleses, franceses, holandeses y hasta los piratas disputaban a España el dominio de aquellos mares. En 1797, un valeroso marino inglés, Sir Ralph Abercromby, después de haberse apoderado de la isla de Trinidad, decidió conquistar más territorios para su país. Se hizo de nuevo a la mar con una escuadra de más de 60 naves y puso rumbo a la isla de Puerto Rico, una de las joyas caribeñas de la corona española. Al llegar a sus costas, ancló° su flota frente a las playas de Cangrejos, cerca de San Juan, la capital de la isla.

anclar: to anchor

Cuando el gobernador de la isla, don Ramón de Castro, tuvo noticia de la aparición de los navíos ingleses, puso a sus tropas en posición de combate y tomó las medidas necesarias para la defensa de la ciudad. Se cortó el único puente de acceso a la capital, el de San Antonio; se mandaron patrullas a caballo para defender los campos vecinos del saqueo° inglés; se rodeó la ciudad de baterías de cañones emplazadas en lanchas°. Por último, se promulgó° un bando° para que mujeres, ancianos y niños evacuaran San Juan. Sólo los hombres útiles permanecían en la ciudad.

sacking, looting

barcas, botes / *promulgar: publicar* / edict, proclamation

A pesar de° todo el empeño° de Castro y de sus hombres, las tropas inglesas consiguieron desembarcar en la isla, protegidas por el fuego que venía de sus buques de guerra, anclados en la ensenada° de Cangrejos. El general Abercromby avanzó hacia el oeste. Se aproximaba a San Juan. Al llegar al puente de San Antonio, el ejército inglés no pudo continuar, pues el fuego que provenía de los fuertes españoles era constante y barría el campo inglés. Abercromby detuvo su marcha y puso sitio° a la ciudad. Durante doce días se desarrolló una violenta lucha. Las balas, la metralla°, silbaban por el aire. Los cañones no descansaban ni de día ni de noche. La batalla era terrible, pero ningún bando lograba derrotar al otro.

in spite of / *esfuerzo*

cove

siege

shrapnel

Al decimotercer° día de asedio°, el 30 de abril, el juez   thirteenth / *sitio*
diocesano° se presentó ante el obispo Trespalacios, quien   *cargo eclesiástico*
regentaba° entonces la diócesis de San Juan. Le dijo así: *regentar: dirigir*

—Ilustrísima, la situación de la capital es desesperada.
Nuestros soldados se encuentran agotados°. Los ingleses nos   *sin fuerza*
superan en número. Además, los alimentos empiezan a
escasear. Existe el peligro de que nuestra ciudad caiga en
manos del enemigo. Debemos implorar° el auxilio del cielo.   *rogar, pedir*
¿Por qué no hacemos una rogativa° para obtener su ayuda?   *súplica*

—¡Una rogativa!, ¡esa es una excelente idea!—respondió
el obispo, que también estaba ayudando al gobernador Castro en la defensa de la ciudad, con dinero y personal eclesiástico—. Se la dedicaremos a Santa Catalina, puesto que° es la   since
santa del día, y a Santa Úrsula y las once mil vírgenes, de
quienes soy devoto y humilde servidor.

Se decidió que se haría la rogativa aquella misma noche; y
que ésta concluiría, tras recorrer todas las calles, al amanecer
con una misa cantada en la Catedral. Aquel atardecer°   nightfall
después de ponerse el sol, las campanas de las iglesias de la
capital convocaron a toda la ciudad: pobres, ricos, soldados, sacerdotes, campesinos, artesanos, se acercaron con
antorchas° y velas° hasta la Catedral. De ésta partía la magní-   torches / candles
fica procesión. La presidía el propio señor obispo, el cabildo°   council
eclesiástico y las autoridades municipales.

¡Qué grandioso acontecimiento! ¡Qué solemne espec-
táculo! Los espías ingleses que vigilaban la ciudad sitiada se
quedaron sorprendidos. Rápidamente se acercaron al cuar-
tel general° de Abercromby.   headquarters

—Sir—le dijeron—, se observa gran movimiento y
alboroto en la ciudad. Hay un continuo y misterioso tañido° de   *sonido*
campanas; y un río de luces fluye° por las calles hacia el oeste.   *fluir: to flow*

—Mala señal—contestó preocupado Abercromby—. Segu-
ramente han recibido refuerzos° de los campos. Debemos   reinforcements
aumentar nuestra ofensiva antes de que consigan más ayuda.

Las órdenes del general se cumplieron de inmediato.
La ofensiva inglesa se recrudeció°. Durante tres horas, el   *recrudecer: intensificar,*
fuego de mosquetes y cañones cayó sin piedad sobre San   *aumentar*
Juan. A medianoche, regresaron los vigías° para presentar   *centinelas*

nuevos informes a Abercromby.

—Mi general—le avisaron asustados—, las luces crecen y se multiplican. Y ahora se encaminan al este, ¡hacia nosotros!

Abercromby decidió reunir inmediatamente a su estado mayor°, al que se dirigió de esta manera:

staff

—Señores, hemos luchado durante días con todas nuestras fuerzas y no avanzamos nada. San Juan se defiende bravamente. Nuestro ejército está cansado. El agua que bebemos es de mala calidad y los soldados se enferman. Además, parece que refuerzos de los campos vienen a socorrer° a los sitiados. Seguramente planean un ataque contra nuestras posiciones para el amanecer. La situación es muy preocupante. Señores..., ha llegado el momento de reembarcar las tropas.

ayudar, auxiliar

Cada uno de sus oficiales fue de la misma opinión. Se dio la orden de retirada. A la mañana siguiente, primero de mayo, la expedición inglesa había abandonado ya su campamento.

Se acercaron con antorchas hasta la Catedral.

La noticia de la retirada enemiga llegó a la catedral mientras se celebraba la misa cantada. Todos los presentes se llenaron de gozo° y entonaron juntos el Tedéum°. Después, el obispo Trespalacios pronunció un largo sermón.

alegría   /   himno religioso

Muchos de los asistentes a la ceremonia juraban que la ciudad se salvó por la intervención de Santa Úrsula y las once mil vírgenes. Afirman que aquella noche el fuego enemigo fue más recio° que nunca, pero que los obuses° y balas no caían en la ciudad, sino que se volvían contra los sitiadores.

strong, tough   /   mortar

También aseguran que cuando la procesión de antorchas entraba en la catedral, terminó de improviso° el bombardeo y desapareció el enemigo. Por supuesto, hay quien dice que la victoria se debió a la valentía de los defensores de la ciudad sitiada. Sin embargo, todavía muchos creen en la intercesión de Santa Úrsula y las once mil vírgenes. Estas, apiadadas° de los sitiados, socorrieron a la ciudad. Por eso, San Juan les estará siempre agradecida.

de repente

apiadarse: compadecer

Comprensión

6-4   Ordena los eventos. Pon en orden cronológico los sucesos siguientes según la leyenda.

_____   El juez diocesano va a presentar el problema al obispo.

_____   Los ingleses anclan sus navíos cerca de las playas de Cangrejos.

_____   Se prepara una rogativa especial dedicada a Santa Úrsula y las once mil vírgenes.

_____   Los ingleses temen que los defensores de San Juan hayan conseguido refuerzos.

_____   Se corta el único acceso a la ciudad, el puente de San Antonio.

_____   El fuego enemigo es recio, pero los obuses y balas se vuelven contra los sitiadores.

_____   Llega el momento de reembarcar las tropas inglesas.

_____   Con la procesión de antorchas, termina el bombardeo.

_____   Abercromby quiere conquistar Puerto Rico, una de las colonias más valiosas de la corona española.

_____   Durante doce días sigue una lucha violenta.

_____   Muchos creen en la intercesión de Santa Úrsula y las once mil vírgenes.

6-5   Contándola de nuevo. Cuenten de nuevo la leyenda, utilizando las frases del ejercicio **6-4**.

6-6   Explicación. Túrnense para explicar los siguientes elementos de la leyenda.

1. el impacto de la procesión de antorchas sobre los ingleses
2. el efecto de la llegada de los navíos ingleses sobre los ciudadanos de San Juan
3. la fe de la gente en Santa Catalina y en Santa Úrsula y las once mil vírgenes
4. la decisión de Abercromby de retirarse de la ciudad
5. la escasez de alimentos
6. la evacuación de todos menos de los hombres hábiles

Extensión

6-7   La importancia de la fe.

1. Esta leyenda da testimonio de una fe enorme en muchos puertorriqueños. Preparen una lista de los elementos de la leyenda que son indicadores de esa fe.
2. En su opinión, ¿quiénes son las once mil vírgenes? ¿Cuál es su significado para Puerto Rico?
3. Busquen alguna otra leyenda que narre un suceso parecido y preparen un relato para presentárselo a la clase.

6-8   Noticiero. Dividan la leyenda en varios eventos. Cada persona tiene la responsabilidad de escribir tres o cuatro frases, explicando su evento en forma de noticiero. Luego presenten su noticiero a la clase entera.

6-9   Dramatización. Preparen un pequeño drama para la clase, empleando una de las situaciones siguientes.

1. Dos señoras nos hablan de su fe en la intercesión de Santa Úrsula y las once mil vírgenes.
2. Dos soldados ingleses ven la procesión de antorchas y no saben qué pensar.
3. Sir Ralph Abercromby analiza la situación con sus oficiales.
4. Corre la noticia de la llegada de los navíos ingleses a la costa.

6-10 Las cosas no son lo que parecen. De vez en cuando juzgamos un hecho por las apariencias. Cuenta o escribe una historia, basada en tu propia experiencia, que contenga un incidente parecido al de la procesión de antorchas.

6-11 La importancia de Puerto Rico. Puerto Rico siempre fue y sigue siendo una «joya». Consulta la red informática o una enciclopedia para contestar las siguientes preguntas sobre lo que representa Puerto Rico.

1. ¿Cuáles son las riquezas de la isla?
2. ¿Por qué sigue siendo tan importante?
3. ¿Cuáles son los argumentos en pro o en contra de admitir a Puerto Rico como estado de la unión?

6-12 Los motivos y los efectos de una conquista. Las invasiones y conquistas tienen un efecto traumático sobre un pueblo. Desgraciadamente, la historia abunda en ejemplos de invasiones y conquistas, desde los tiempos más antiguos hasta la conquista europea de las Américas y aun hasta la reciente limpieza étnica en los Balcanes. ¿Cuáles han sido los motivos de algunas de estas invasiones? ¿el imperialismo? ¿la religión? ¿la avaricia? ¿la venganza? ¿una combinación de varios factores? Con dos o más compañeros/as, escojan tres invasiones de la historia y discutan el impacto y los motivos de estos acontecimientos.

6-13 Carta. Ponte en el lugar de un soldado inglés que acaba de experimentar los hechos narrados por esta leyenda. Escríbele una carta a tu familia, tu novia o tu amigo, explicándoles lo que sucedió.

MODELO:

> *Jamaica, el 20 de octubre de 1797*
>
> *Estimados papás:*
>
> *Hace algunos días que llegamos a esta isla, después de pasar casi dos semanas en el sitio de la ciudad de San Juan...*

CAPÍTULO 7

LA LEYENDA DE LA YERBA MATE
Argentina / Paraguay

Tomar la yerba mate es una importante tradición argentina.

Preparación

Contexto cultural

Más que una bebida, la yerba mate, o simplemente el mate, es parte de la cultura de Argentina, Paraguay, Uruguay y Brasil. De las hojas secas del árbol perenne°, *Ilex paraguariensis*, se hace un líquido que es parecido al té. Hay varias costumbres que se asocian con el mate. Usualmente el recipiente que se usa para

evergreen

tomar el mate está hecho de una calabaza° pequeña y a veces   gourd
está decorado de bordes y ornamentos de plata. El mate se toma
mediante un tubo metálico que se llama «bombilla», el cual
contiene un pequeño colador° al extremo para prevenir que   sieve
entren las hojas machacadas°. Tomar la yerba mate en casa de   crushed
un anfitrión° es casi como un ritual. Primero, lo toma el   host
anfitrión vaciando el recipiente; luego éste llena de nuevo el
mismo recipiente y lo pasa al invitado, quien lo vacía, y el pro-
ceso se repite. Muchas personas hacen el mate con nada más que
agua caliente, pero otros prefieren echarle leche, azúcar o miel.

Hoy en día, el mate es conocido en otros países fuera del
mundo hispano por sus cualidades beneficiosas y se puede conseguir frecuentemente en los centros naturistas. La palabra
«mate» es de origen quechua y quiere decir «vaso». Actualmente los indios de Paraguay mastican° las hojas para provocar   chew
alucinaciones. De hecho, los indios llaman a la yerba mate
«caä» y tienen varias leyendas para explicar su existencia. Una
de estas bellas leyendas dice que el árbol del que se hace el «caä»
es un regalo de la luna, la diosa Yací.

Actividades

7-1   Las bebidas o comidas con función social. Muchas veces las comidas o
las bebidas tienen una función social o se asocian con ciertos eventos, días festivos o
costumbres. Por ejemplo, el champán se usa para hacer brindis [*make a toast*]. ¿Qué
otras comidas y bebidas conoces que se asocian con ciertos eventos, días festivos o
costumbres? ¿Puedes dar algunos ejemplos del mundo hispano?

MODELO: *Es una tradición tomar café en una reunión de gente de negocios.*

7-2   Los recipientes y los utensilios especializados. Muchas veces las comidas o las bebidas requieren un recipiente específico, por ejemplo, el mate se prepara
en una calabaza y se mezcla con una bombilla. ¿Qué otras comidas o bebidas conoces
que requieran un recipiente o un utensilio especializado?

👥 **7-3 La luna.** Durante siglos, la luna, el sol, la lluvia y el viento han sido representados de manera particular, a veces con distintas personalidades. ¿Cómo caracterizas una de estas figuras? Escribe un párrafo en el que incluyas tanto lo físico como lo psicológico. Luego júntate con un/a compañero/a para comparar sus descripciones.

7-4 Expresiones nuevas. Adivina el significado de las palabras en itálica por su contexto en las frases. Después, escribe otras frases usando las mismas palabras.

MODELO: La luna esperaba *alumbrar* el bosque, pero su luz no era lo bastante fuerte para verlo bien.
Los faroles de la calle alumbran *la noche más oscura.*

1. El señor vivía en una *choza* humilde de una sola habitación.
2. La luna estaba *harta* de su vida solitaria y decidió bajar a la tierra.
3. Quería ver de cerca los hermosos colores del *arco iris* después de la lluvia.
4. Por ser tan buena amiga, Araí decidió *complacer* a Yací y ayudarle a visitar la tierra.
5. Las dos amigas caminaban por los *vericuetos* del bosque. Algunos eran tan rocosos que era difícil pasar.
6. Cuando amaneció el sol, Yací tuvo que taparse los oídos por el *alboroto* de los animales e insectos.
7. Cuando el viejo indio vio el animal feroz, le tiró una flecha, la cual *se clavó* en el pecho del animal.
8. El felino se revolvió sobre sus *patas* y se preparó para atacar al anciano.
9. Yací y Araí *premiaron* al anciano por su bondad. Le dieron la planta que produce la yerba mate.
10. La yerba mate ha llegado a representar la hospitalidad y *hermandad*.

7-5 La hermandad. ¿Cuáles son algunas de las acciones y símbolos que representan para ti la hermandad? ¿A quiénes consideras «hermanos»? ¿Qué harías para ayudar a un/a «hermano/a»?

MODELO: *Una acción de hermandad es compartir la comida con una persona necesitada.*

7-6 Si fueras la luna... Mientras lees esta leyenda, piensa en qué harías tú si te encontraras en la situación de Yací.

Ojalá pudiera bajar de día a la tierra.

La leyenda de la yerba mate

Yací la luna ya estaba cansada de verlo todo desde arriba y a oscuras. De naturaleza curiosa, Yací se esforzaba por observar cuanto podía: se infiltraba entre las ramas de los árboles, pero su luz no era suficiente para alumbrar el profundo bosque; enviaba sus rayos a través de los ventanucos° de las chozas, pero su tímido fulgor° no despertaba a ninguno de sus dormidos moradores°; intentaba descubrir

ventanas pequeñas

luz

habitantes, residentes

los secretos de los ríos, pero el espejo de sus aguas le
devolvía siempre su rostro melancólico. Pasaba las horas con-
versando con el búho° y discutiendo con las estrellas.   owl

—¡Qué aburrimiento!, ¡siempre lo mismo!—se quejaba
Yací—. Ojalá pudiera bajar de día a la tierra y verla de cerca y
clarita. ¡Araí la nube, ésa sí que tiene suerte! Ella se pasea de
noche y de día, con lluvia y sol; lo fisga°todo. Se conoce de   *fisgar: curiosear*
memoria hasta la más pequeña esquina.

Una noche, Yací la luna se decidió a hablar con Araí la
nube:

—Araí, ¿por qué no me llevas contigo a la tierra? Estoy
harta de contemplar siempre lo mismo. Quiero conocer
nuevos lugares, sentarme juntito a los seres humanos. ¿Me
ayudarás? Podría... observar los mil colores de las flores, sor-
prender un arco iris, o ¡ver al Sol vestido de gala°!   all dressed up

Araí estuvo de acuerdo. Yací era su amiga y deseaba
complacerla. Aquella misma noche Yací bajó con ella. Para no
ser reconocidas, descendieron a la tierra convertidas en dos
lindas mujeres.

El amanecer las sorprendió paseando por la selva. ¡Qué
hermosura! Yací se emocionaba a cada instante, explorando
todos los rincones con ojos de descubrimiento. ¡Era tan diferente a la noche! El crepúsculo° estaba lleno de un misterio   dawn
que la mirada amarilla de Yací apenas conseguía desvelar°.   *descubrir, mostrar*
«La noche es bella—se repetía Yací—, pero ¡cuántas maravillas
se descubren a luz del día!»

Caminaban por vericuetos escondidos entre la ve-
getación. Acostumbrada al silencio de las sombras, Yací no
podía creer el alboroto que se escuchaba en el aire. Tan fasci-
nadas andaban Yací y Araí, que no se dieron cuenta de que
un yaguareté° las observaba desde el tronco de un árbol.   jaguar

La fiera lanzó un potente rugido que dejó paralizadas de
terror a las dos mujeres. Tanto Yací como Araí, debido a su
transformación, habían perdido sus poderes sobrenaturales.
Querían huir y no podían. Querían gritar y ningún sonido salía
de sus gargantas. Creyeron morir al ver cómo se lanzaba
desde el árbol el yaguareté sobre ellas. En ese mismo

instante, cuando daba el animal su enorme y ágil salto, una flecha surcó el aire y fue a clavarse en el cuerpo del felino.

El yaguareté, enfurecido y malherido, se revolvió sobre sus patas. Se dio la vuelta y se abalanzó° sobre su atacante, un viejo indio. El anciano, diestro° arquero, tendió de nuevo su arco con calma. Esta vez la flecha atravesó el corazón palpitante del enorme animal.

abalanzarse: lanzarse
skillful

El peligro había desaparecido. El viejo indio dirigió sus ojos hacia las jóvenes; ¡no podía verlas! Yací y Araí, convertidas otra vez en luna y nube, miraban la escena desde lo alto.

Aquella noche, en su choza, el indio se acostó pensando que todo había sido una alucinación. Y empezó a soñar. Soñó que la luna y la nube le hablaban:

—Buen hombre, queremos premiar tu noble acción. Vamos a hacerte un regalo. Cuando despiertes, hallarás una planta maravillosa a la puerta de tu casa. Esta mata° se recubrirá de hojas verdes. Cosecharás° las hojas y las tostarás, con ellas harás una infusión. Esta bebida te acompañará y alimentará. Ofrécesela al viajero: animará al débil y reconfortará al enfermo.

arbusto, planta
cosechar: to harvest

El viejo indio despertó y allá mismo, frente a su choza, como si de un encantamiento se tratara, vio un árbol fascinante. La brisa mecía° sus hojas verdes. Esta planta amiga era la de la yerba mate, símbolo de la hospitalidad y expresión de hermandad. Comparte su infusión con tu vecino, pues es el mejor obsequio° para tu huésped°.

mecer: balancear, mover

regalo / invitado

El que en esta tierra
matea° una vez
se ciudadaniza°
en menos de un mes.

toma mate
se hace ciudadano

Ilex paraguariensis, la planta perenne que produce la yerba mate

Comprensión

7-7 ¿Quién lo diría? Indica el personaje que habría dicho cada una de estas declaraciones o exclamaciones y explica el contexto de la frase. Luego pon las frases en orden cronológico según la leyenda. **Y:** Yací; **A:** Araí; **J:** el yaguareté; **I:** el viejo indio

IDENTIDAD	ORDEN	
_____	_____	Lo voy a matar con mi flecha.
_____	_____	La selva es aún más bella de lo que esperaba.
_____	_____	He soñado que la luna y el sol me regalaban una planta cuyo té reconforta a quien lo toma.
_____	_____	¡Socorro!
_____	_____	Si pudiera bajar a la tierra y verla de cerca, no estaría tan aburrida.
_____	_____	Mi luz no es tan fuerte como la del Sol.
_____	_____	Amiga, ayúdame a bajar a la tierra.
_____	_____	¡Ahora las agarro!
_____	_____	Bienvenidos a mi casa. Les ofrezco una infusión de yerba mate.
_____	_____	Hago lo que tú desees, compañera.
_____	_____	Allí van dos lindas criaturas, y yo con un hambre que me mata.
_____	_____	Vamos a convertirnos en mujeres hermosas para que nadie nos reconozca.
_____	_____	Me temo que hay dos mujeres en peligro.

👥 7-8   ¿Cómo figuran estas expresiones? Elaboren el contexto en que figura cada una de estas expresiones.

MODELO: el fulgor

> *Yací se queja de que su* fulgor *es demasiado débil para despertar a la gente dormida.*

1. las chozas
2. las estrellas
3. el aburrimiento
4. harta
5. descender
6. el crepúsculo
7. el alboroto
8. huir
9. el felino
10. diestro
11. el encantamiento
12. la infusión
13. matear

👥 7-9   Volver a contar la leyenda. Túrnense para recontar la leyenda. Incluyan estos componentes:

1. el contexto
2. los personajes
3. la acción
4. el clímax
5. la resolución
6. la moraleja

Extensión

👥 7-10   Pónganla en escena. Tomen el papel de los diferentes personajes y dramaticen la leyenda para la clase.

7-11 Cristina. Cristina es una personalidad de la televisión que entrevista a gente que ha experimentado alguna crisis o aventura que les pueda interesar a los televidentes. Un/a compañero/a toma el papel de Cristina (o Cristino) para presentar y entrevistar a los personajes de esta leyenda. Los televidentes (los otros miembros de la clase) también preparan preguntas para los participantes.

7-12 Las regiones de la yerba mate. La planta que produce la yerba mate es oriunda de Paraguay y Argentina. Haz una pequeña investigación, por la red informática o en una enciclopedia, para buscar más información sobre el clima, la topografía y la economía de las regiones donde se produce.

7-13 La curiosidad y los sueños. Por curiosidad de saber cómo era la tierra, Yací soñaba con bajar del cielo y recorrer los bosques. ¿Con qué sueñan ustedes? Comparen sus curiosidades y sus mayores sueños.

7-14 Los remedios naturales. Según las investigaciones y las creencias populares, la yerba mate sirve para muchas cosas: para adelgazar, para aliviar el hambre y la sed, para remediar la artritis, el estrés, el cansancio y las alergias. También se cree que estimula el pensamiento y retarda el envejecimiento. ¿Conoces otros remedios naturales que se crean útiles para mantener la buena salud?

7-15 Los animales en las leyendas, las fábulas y los mitos. Los animales figuran en muchas leyendas, fábulas y mitos. Pueden simbolizar lo bueno, lo malo, lo desconocido, el valor, la cobardía, etc. ¿Qué simboliza el yaguareté para ustedes en esta leyenda? ¿Qué representan los siguientes animales para ustedes? Conversen entre sí para ejemplificar sus impresiones con una leyenda, una fábula o un mito.

1. el perro
2. el gato
3. el mono
4. el pez
5. la serpiente
6. la rata
7. el elefante
8. el tigre

≗≗≗ 7-16   Las comidas y las bebidas especiales. Muchas culturas insisten en que la preparación y la presentación de la comida sigan algunas normas muy específicas. Por ejemplo, la comida *kosher* tiene que prepararse bajo la supervisión de un rabino. Conversen sobre tradiciones o normas que se siguen, por razones religiosas o culturales, para la preparación de la comida.

7-17   Una receta. Escribe una receta especial para ti y tu familia; explica a la clase sus ingredientes, preparación y presentación. Incluye información sobre las razones por las que este plato les es especial.

CAPÍTULO 8

EL ÑANDUTÍ
Paraguay

La tela de la araña es a la vez artística y funcional.

Preparación

Contexto cultural

Criaturas de pesadilla°, poseyendo a la vez una cierta elegancia, las arañas han inspirado varias leyendas durante siglos. En la mitología griega la araña es Aracne, una mujer que, en una competición, tejió un tapiz que superó al de la misma diosa Atenea. Según las leyendas islámicas, una araña cubrió la

sueño desagradable

entrada de la cueva donde dormía el profeta Mahoma para esconderlo de sus perseguidores en la primera noche de la hégira, o huida, del profeta de La Meca. En Escocia una araña, que intentó siete veces construir su telaraña desde la viga del techo° del dormitorio, animó al rey escocés Robert Bruce a atacar a los ingleses una vez más, después de haber sufrido seis derrotas. Luego, éste ganó la batalla de Inverurie, asegurando así la independencia de Escocia por unos siglos más.

viga del... ceiling beam

En el mundo hispano se encuentra una leyenda, simbiosis interesante entre lo europeo y lo indígena, sobre la araña en Paraguay. Esta leyenda se origina en el pueblo de Itaguá y se asocia con los encajes especiales que se tejen° en esta localidad. Estos bellos encajes°, llamados «ñandutís», son famosos en todo el mundo.

tejer: weave
lace

Ñandutí quiere decir «araña» en guaraní, el idioma indígena del Paraguay y que es también uno de los idiomas oficiales del país. Según la leyenda paraguaya, ambientada en la época colonial, una araña le enseñó a una indígena a tejer una mantilla para su amiga española. Hoy día, los turistas pueden ver a los tejedores de Itaguá llevar a cabo sus creaciones, las cuales hacen recordar, a los acostumbrados a este fenómeno atmosférico, a copos de nieve°.

copos de... snowflakes

Actividades

👥 **8-1   Lecciones de animales e insectos.** Podemos aprender lecciones muy valiosas de animales e insectos. Preparen una lista con las cualidades que se asocian con ellos. Discutan cuáles de estos aspectos son deseables en ustedes mismos o en sus amigos/as, y por qué.

MODELO: *El elefante es un animal fuerte y majestuoso. Parece ser sensible y estar muy unido a su familia. Para mí, la familia es importante, así que me identifico con el elefante.*

1. la hormiga
2. el perro
3. el castor (*beaver*)
4. la tortuga

5. la araña

6. el gato

7. el águila

8. el toro

8-2 El contexto cultural. Busca en el apartado **Contexto cultural** las palabras o expresiones que corresponden a cada una de las definiciones siguientes. Luego emplea cada palabra o expresión en una frase que demuestre que comprendes su significado.

MODELO: diosa griega
Atenea es la diosa griega de la que tomó su nombre Atenas,
la capital de Grecia.

1. tejido que prepara la araña para atrapar insectos

2. tejido decorativo hecho a mano para adornar

3. el idioma indígena de Paraguay

4. tejido de encaje que usan las señoras para cubrirse la cabeza

5. persona que teje

6. el profeta árabe que huyó de La Meca

7. una nación al norte de Inglaterra

8-3 Expresiones nuevas. Adivina el significado de las palabras y expresiones en itálica por su contexto en las frases. Después escribe otras frases usando las mismas palabras o una variación de ellas.

MODELO: El matrimonio habitaba una *casona* digna de una familia de bien.
Yo preferiría vivir en una casita pequeña y cómoda que en una casona
grande e impersonal.

1. Manuela sentía mucha *nostalgia* por sus padres; los extrañaba muchísimo.

2. Cuando hablaba con su compañera, podía *desahogar* la tristeza de su corazón, así se sentía mejor.

3. La mantilla que le había regalado su mamá estaba amarilla y un poco *gastada* por el tiempo. (*gastar*)

4. Cuando la muchacha la lavó, la mantilla salió del agua completamente rota, *deshilachada*. (*deshilacharse*)

5. Manuela soñó que su marido *corría peligro* en su viaje. (*correr peligro*)

6. De pronto, un rayo de luna iluminó y *doró* la tela que una arañita tejía. (*dorar*)

7. Aquella tarde *la dicha* fue completa, pues tuvo las noticias que esperaba. (*dichoso/a*)

8-4   Cuestión de carácter. ¿Cómo reaccionarías ante esta situación?: tienes algo de mucho valor sentimental, y quizás intrínseco, que alguien (un/a hermano/a, amigo/a, etc.) ha destruido por accidente. ¿Te ha ocurrido alguna vez un incidente así? Explica las circunstancias y lo que hiciste. ¿Qué le aconsejarías a otra persona?

8-5   Antes de leer. Esta es una de las muchas historias o leyendas que procura darnos una idea de lo que pasó después de la llegada de los españoles. La mezcla de razas fue muy difícil, pero no siempre fue del todo dolorosa. Mientras lees la leyenda piensa en la relación entre la señora y la indígena. ¿Cómo es el carácter de cada una? ¿Reaccionarías tú de la misma manera? ¿Por qué sí o por qué no?

El encaje «ñandutí» se parece a un copo de nieve.

El ñandutí

Antes de partir para América—en la época de la colonia—, Manuela, la esposa de un joven oficial del ejército español destinado al Paraguay, fue a decir adiós a su madre. El encuentro fue muy doloroso, pues no sabían si volverían a verse en vida. Entre las muchas cosas que la madre le dio en aquella ocasión para su nuevo hogar, había una de especial belleza: una mantilla de un encaje exquisito.

—Cuídala como si fueran tus ojos—le dijo su madre abrazándola—. Si así lo haces, tendrás abundantes años de ventura° y prosperidad, como yo los he tenido.

felicidad

Manuela prometió cuidar de la mantilla, besó entre lágrimas a su madre y se despidió de ella, tal vez para siempre. Ella y su marido abandonaron España al día siguiente.

Una vez en América, la joven pareja se estableció en el pueblecito de Itaguá. El matrimonio habitaba una casona en el centro del pueblo. Al poco de su llegada, empezó a vivir con ellos una muchacha guaraní, Ibotí. Ibotí ayudaría a Manuela con las tareas de la casa. Pronto nació entre ambas mujeres una amistad sincera y un cariño profundo. Todavía el corazón bañado de nostalgia, Manuela hizo de la muchacha su confidente. Se sentaban las dos en el patio al atardecer, a la sombra de algún árbol, y Manuela abría su alma a los recuerdos. Le hablaba a Ibotí de su patria y de su madre. ¡Qué gran consuelo era para ella poder desahogar° de esa manera el corazón!

aliviar, descansar

En cierta ocasión, el marido de Manuela tuvo que ausentarse° del hogar, con motivo de una expedición militar. La casa ahora parecía más grande y vacía. No sabiendo en qué ocupar° su tiempo, un día la joven esposa decidió revisar todos los baúles traídos de España. Ibotí participaba en esta labor. Muchas cosas hermosas salieron a la luz: tejidos, vestidos, manteles°, cubiertos°, candelabros, joyas. Entre tanto objeto bello, el recuerdo más entrañable° seguía siendo la mantilla. Manuela no pudo evitar lágrimas al verla, acordándose de su madre.

alejarse, irse

pasar

tablecloths / cutlery
íntimo, querido

Sin embargo, el tiempo no había pasado en balde° desde su salida de España: la mantilla estaba amarilla y un poco gastada. Manuela pensó en devolverle su blancura y antiguo esplendor. Pidió a Ibotí que la lavara con agua y jabón, recomendándole que fuera muy cuidadosa. La muchacha la fregó° con toda delicadeza y cariño; no obstante, al sacarla del agua, vio desconsolada que la mantilla estaba completamente deshilachada°. Cuando Manuela supo lo ocurrido, sintió que una parte de su memoria se había perdido, y lloró con angustia.

in vain

fregar: lavar

deshilachar: deshacer

Un extraño presentimiento anidó° entonces en el pecho de la mujer. Además, los días pasaban y no se tenían noticias del esposo. Una mañana, Manuela despertó con los ojos aterrados. En sueños, había revivido las palabras de despedida de su madre. Ahora estaba convencida de que su marido corría peligro. La tristeza más absoluta empezó a residir en la casona. El silencio se alojaba en cada habitación. Y seguía sin haber noticias del oficial español. Ibotí trataba de animar a su señora. Era imposible.

anidar: to nest

Una noche, Ibotí soñó con el encaje de la mantilla. ¡Lo veía clarísimamente! Los dibujos se arremolinaban° en el agua. Después, los remolinos° se tranquilizaron y grabaron en las ondas° de un riachuelo° los trazos° exactos del encaje. La joven despertó agitada. «¡Tejeré una mantilla igual que la de la señora!», se dijo esperanzada.

arremolinarse: to whirl
whirlpools
waves / *río pequeño*
/ *líneas*

A partir de aquel momento, no hubo noche en que Ibotí no trabajara tejiendo una mantilla. Empezaba su trabajo cada anochecer con ilusión; pero cada amanecer la desengañaba°. Nada de lo que hacía era como lo que había soñado. Nada de lo que hacía era como la mantilla deshecha de su señora. Y Manuela estaba más y más triste, más y más enferma.

desengañar: desilusionar

Una noche de hermosa luna y cálido aire, Itobí salió al patio a calmar su pena. Ya no sabía qué hacer. De pronto, un rayo de luna doró la tela que una arañita° tejía. El corazón de la buena Ibotí palpitó violentamente. ¡Las líneas que aquella araña dibujaba eran como las de la mantilla de Manuela! Durante las siguientes semanas, todas las tardes Ibotí salía al patio y observaba la tela de la araña. Tan pronto como oscurecía, corría a su habitación y se ponía a tejer la mantilla. Tejía y tejía, y no conocía el cansancio. Por fin, una madrugada, poco antes del alba°, el trabajo estuvo acabado.

araña pequeña

amanecer

Aquella mañana, cuando despertó Manuela, vio ante sus ojos una mantilla prácticamente idéntica a la que se había perdido. Creía estar soñando.

—¡Ibotí!, ¿qué es esto?—preguntó asombrada—. ¿De dónde ha salido esta mantilla?

—Es «ñandutí», tela de araña. La he tejido yo misma— contestó Ibotí modesta y risueña.

Manuela recuperó gran parte de su alegría. Se sentía casi feliz. Y aquella misma tarde su dicha° fue completa, pues tuvo noticias de su querido esposo: estaba bien y pronto vendría a casa.

felicidad

Ibotí, por su parte, encontró su camino. Siguió tejiendo y fabricó otras muchas mantillas maravillosas. También enseñó a hacerlas a las jóvenes guaraníes del lugar. Desde entonces, el pueblo de Itaguá es conocido por sus bellos tejidos de ñandutí, o «tela de araña».

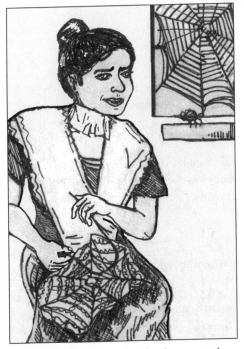

Tejía y tejía, y no conocía el cansancio.

Comprensión

8-6   ¿Comprendiste? Busca la siguiente información para contar de nuevo la historia.

1. la razón por la cual fue la joven pareja española a Paraguay
2. una descripción del regalo de la madre a su hija
3. las emociones de las dos—madre e hija
4. el nuevo hogar
5. el trabajo del esposo
6. una descripción de la indígena que trabajaba en la casa
7. la tragedia de la mantilla
8. la reacción de la señora
9. lo que hizo la indígena para reemplazarla
10. el modelo que usó para hacerlo
11. la reacción de la señora

8-7   Mi más querida mamá... Escribe una carta a la madre de la señora, en la que describes lo que pasó con la mantilla y la creación de la nueva. Luego intercambia tu carta con la de otro/a compañero/a, para que te escriba la respuesta.

8-8   Comparación. Preparen una lista de las cualidades del carácter de cada una de las dos mujeres. Piensen en las respuestas al ejercicio **8-1** y compárenlas con las reacciones de los dos personajes de la leyenda.

Extensión

8-9   Depende de tu punto de vista. Tomen los siguientes papeles del relato, inventando el diálogo para contar los eventos.

1. La indígena le cuenta a una amiga lo que ocurrió con la mantilla.
2. La señora le cuenta a una amiga la misma historia.

8-10   Las artesanías indígenas. ¿Por qué creen que es importante esta leyenda en la historia de la artesanía paraguaya? ¿Qué efecto psicológico tiene en la mente del indígena? Luego miren la foto del ñandutí y descríbanlo en detalle.

8-11 La herencia de la conquista. Muchas leyendas sirven para dejarnos una idea de la herencia, sea buena o mala, de la conquista española y del trauma de los sucesos relacionados con ella. Discutan el papel de esta leyenda en la historia de Paraguay. ¿Pueden citar otras leyendas más negativas?

8-12 La araña. Refiéranse a su descripción de la araña del ejercicio **8-1**. ¿Por qué creen que es importante la araña en este cuento? ¿Qué relación tendría con la forma de ser de la indígena? ¿Tendrá alguna relación con el carácter de los guaraníes, los cuales vivían en armonía con la naturaleza pero eran guerreros feroces (de hecho, la palabra guaraní quiere decir «guerrero»)? ¿Por qué sí o por qué no? Para conseguir más información sobre los guaraníes, pueden consultar la red informática, por ejemplo la hoja de LANIC de la Universidad de Texas (http://www.lanic.utexas.edu/) o la hoja sobre el idioma guaraní y los guaraníes (http://merece.uthscsa.edu/gram/guarani/index-esp.html).

8-13 Mi experiencia. Antes de leer la leyenda, te pedimos que pensaras en un acontecimiento similar de tu vida. Escribe lo que pasó, tu reacción y cómo se resolvió el problema. ¿Qué harías de diferente hoy si te ocurriera algo parecido?

8-14 Compartamos. Compartan las experiencias que escribieron en el ejercicio **8-13** con toda la clase.

8-15 Paraguay te da la bienvenida. Hagan una pequeña investigación en la red informática o en una enciclopedia para conseguir más información sobre Paraguay. Utilicen esa información, junto con fotos y dibujos, para crear un folleto turístico del país.

Capítulo 9

La Llorona

México: versión colonial

Cihuacoatl, una diosa creadora de los aztecas

Preparación

El contexto cultural

La figura de la mujer que llora por sus hijos perdidos es un arquetipo común en la mitología. La tradición judeo-cristiana habla de Raquel, la mujer que queda inconsolable al perder a sus hijos. En la mitología clásica, el invierno se le atribuye a la diosa Deméter, quien se entristece durante la parte del año que tiene que pasar sin su hija Perséfone. En algunas de las versiones de la leyenda de «La Llorona», las cuales tienen sus orígenes en los sucesos relacionados con la Conquista, una mujer misteriosa llora por su gente, los indígenas de México.

Parece ser que los códices sagrados° de los aztecas predecían que la diosa Cihuacoatl anunciaría la derrota del Imperio a manos de hombres extraños venidos del Oriente. Se dice que un poco antes de la llegada de Hernán Cortés y sus soldados a México, una dama blanca fantasmal aparecía de noche vagando por las calles de Tenochtitlán, gritando augurios de destrucción. El emperador Moctezuma y sus sacerdotes° creían que esta aparición era la misma diosa Cihuacoatl y esperaban con temor el fin de su mundo.

Ya en la época de la colonia, cuando la capital azteca Tenochtitlán se había convertido en la capital de la Nueva España, aparecía de nuevo la figura nebulosa y blanca de una mujer que lloraba. También se creía que ésta lamentaba los infortunios de los indígenas de México; sin embargo, esta vez se decía que la mujer era el fantasma de doña Marina, a quien se conoce hoy como «la Malinche». La Malinche, cuyo nombre originario era Malinalli, era una indígena de noble cuna° que, después de la muerte de su padre, fue vendida por su madre y luego fue regalada como esclava y concubina° a Cortés. Su ayuda como intérprete fue muy importante para los españoles durante la Conquista, haciendo posible la formación de alianzas con los enemigos indígenas de los aztecas. Hoy la expresión «malinchista» se refiere a un mexicano que parece preferir las cosas e ideas extranjeras. Irónicamente, Malinche es a la vez traidora de su raza y madre simbólica del México moderno, al ser madre de uno de los primeros mestizos de México, el hijo que le dio a Cortés. Cuando se piensa en la Malinche como la Llorona, se dice que se consume de pena y grita de angustia por haber traicionado a su propio pueblo.

sacred

priests

de una familia de bien

amante

La Llorona suele aparecer de noche llorando
por sus hijos.

Actividades

9-1 El trauma de la Conquista. La conquista o derrota de una gente es
un evento traumático que dura en la memoria colectiva de los descendientes por siglos. Piensen en uno o más casos parecidos de la historia de la humanidad (p. ej., el
Holocausto, la limpieza étnica en Ruanda o en Kosovo, los esclavos africanos en los
Estados Unidos, la guerra entre México y los EE.UU.) y apunten algunas repercu-
siones de estos acontecimientos.

9-2 La herencia de la Malinche. Hoy en México le llaman "malinchista" a una
persona que tiene preferencias por las cosas del extranjero. ¿Qué comportamientos
concretos crees que se pueden asociar con esta denominación?

9-3 Expresiones nuevas.
Adivina el significado de las palabras y expresiones en itálica por su contexto en las frases. Después, escribe otras frases usando las mismas palabras o una variación de ellas.

MODELO: La Malinche era una indígena *de noble cuna* y todos respetaban a su familia.

Muchas veces los políticos son de noble cuna, *así tienen mayores recursos económicos para poder participar en la vida pública.*

1. Durante la época de la Conquista, una dama blanca *fantasmal* aparecía por las noches caminando por las calles de Tenochtitlán, gritando y llorando. (*fantasma*)
2. La Llorona lanzaba *augurios* de una próxima destrucción ocasionada por conquistadores venidos de tierras extrañas.
3. La Llorona lloraba *los infortunios* de los indígenas de México.
4. La Malinche es a la vez *traidora* y madre simbólica del México moderno.
5. La Malinche sirvió como intérprete y así hizo posible la formación de *alianzas* con los enemigos indígenas de los aztecas.
6. La Llorona *se entristece* enormemente por la pérdida de sus hijos. (*entristecerse*)
7. El hijo de Cortés y la Malinche fue *mestizo*, el primer «mexicano».
8. Muy de noche se oían los tristes y *agónicos* lamentos de una mujer.
9. Algunos *valientes* se atrevían a mirarla. (*valor*)
10. Su vestido era blanco y *vaporoso*.
11. Parecía ser una persona *angustiada* por la pérdida de sus hijos.
12. La *caballerosidad* de don Nuño impresionó a Luisa e hizo que se enamorara de él.
13. El abandono de don Nuño la deja *dolorida*. (*dolor*)
14. Ahora Luisa se siente *traicionada* por su amante y quiere tomar venganza.

9-4 Mientras lees.
Una leyenda muchas veces refleja no sólo la historia sino también las opiniones y el pensamiento de un pueblo. Los mexicanos todavía expresan juicios (opiniones) muy críticos sobre la conquista de su país y de su gente. En esta leyenda, ¿qué reflexiones podemos hacer sobre el legado (la herencia) de este acontecimiento histórico?

La Llorona
(versión colonial)

En la época del Virreinato de Nueva España, en la ciudad de México, después del toque de queda°, a media noche, principalmente si había luna llena, se oían unos tristísimos y agónicos lamentos de mujer. La gente, llena de temor, evitaba salir a las tenebrosas callejas coloniales. Sin embargo, algunos valientes, movidos por la curiosidad, se atrevían a mirar desde las ventanas de sus casas. Con el tiempo, incluso hubo personas que salían a las calles para averiguar la causa de este llanto. ¿Qué veían estas gentes?

curfew

Veían una dama que, impulsada por el viento, vagaba° por las oscuras calles y plazuelas°. Su vestido era vaporoso y blanquísimo. Su pelo negro bailaba con la brisa de la noche, y llevaba el rostro cubierto con un blanco velo. Se paraba ante cruces, templos, cementerios e imágenes de santos iluminadas en las esquinas. Se detenía en la Plaza Mayor y se arrodillaba mirando hacia la catedral. Se volvía a levantar, lanzaba su lamento y desaparecía al llegar al lago. Los habitantes de la capital se preguntaban quién sería aquel fantasma angustiado que emitía gritos tan desgarradores°.

vagar: to wander
plazas pequeñas

heartrending

—¡Es la Diosa Cihuacoatl!—decía uno—. Le he visto el cabello, parece que tiene cuernos en la frente. Continúa llorando por la destrucción de nuestra raza.

—¡No, no!—replicaba otro—. Es doña Marina, «la Malinche». Viene del otro mundo a penar° por haber traicionado a su pueblo.

to suffer

—Estáis equivocados. Yo sé la verdad—dijo una anciana—. Es una mujer desgraciada que llora la muerte de sus hijos. Mi abuela, que la conoció de niña, me contó su historia.

—¡Por favor, por favor... cuéntanosla!—le suplicaron° sus oyentes.

suplicar: to beg for

Aquella vieja mujer así lo hizo. Éste es su relato.

Hace mucho tiempo, poco después de la conquista de México, en un barrio pobre de la capital, vivía una mujer muy hermosa llamada doña Luisa de Olveros. Era doña Luisa de raza mestiza, descendiente de una mujer indígena y de un español. Un día, paseando por la Plaza Mayor, se encontró frente a frente con un apuesto capitán español, don Nuño, de la prestigiosa y noble familia de los Montesclaros. El capitán español, deslumbrado° por su belleza, bajó del caballo. Justo enfrente de la catedral, extendió su capa en el suelo, para que la esbelta° mestiza pisara° sobre ella. Doña Luisa, impresionada por la apostura° y caballerosidad° del español, fue seducida por don Nuño. El padre de la muchacha, preocupado por su hija, la amonestaba° severamente:

—Hija mía, te prohíbo que veas a ese hombre. ¡Olvídalo! No te ilusiones con el matrimonio. ¡Nunca un español de sangre pura se casará contigo!

Luisa, enamorada, no hacía caso de° las advertencias de su padre. Poco después, Nuño la llevó a vivir a una casa de mayor categoría. Allí la visitaba todos los días. Con el tiempo tuvieron tres hijos. A menudo, ella le pedía a su amante legalizar su unión. Don Nuño le daba alguna excusa para no casarse, y algunos doblones° de oro para mantener a los niños.

El tiempo pasaba y don Nuño cada vez le prestaba menos atención a doña Luisa. La mujer se sentía dolorida°: su amante ya no era atento con ella. Un día, Luisa tuvo una premonición. Esa noche decidió ir a la opulenta° casa de los Montesclaros. Al llegar a la mansión, vio cómo se celebraba una fiesta por la próxima boda de don Nuño con una noble española.

Luisa, desesperada y sintiéndose traicionada, intentó hablar con Nuño. Le recordó su deber de padre: «¡No olvides a quienes son sangre de tu sangre!» Le suplicaba mientras se abrazaba desconsolada a sus rodillas. Don Nuño, altanero° y arrogante, la arrojó cruelmente de su lado, entre la burla de los asistentes a la fiesta:

—¡No vuelvas a cruzarte en mi camino! ¿Acaso piensas que una mujer con sangre india, una mestiza, puede ser mi esposa?

Luisa, enloquecida y rasgando° su vestido, se precipitó hasta su casa. Maldecía° entre lágrimas su sangre indígena. Nunca sería una mujer digna del linaje de don Nuño. Entró en casa y vio a sus tres hijos. Ciega de dolor, tomó el puñal° que

---

impresionado

hermosa / pisar: caminar

elegancia / buenos modales

amonestar: reprender, reñir

hacer caso de: to heed

doblón: antigua moneda española

muy triste

rica

soberbio

rasgar: romper
maldecir: to curse

dagger

le regaló don Nuño. Con él mató a sus tres niños. Con ropas y manos bañadas en la sangre de sus hijos, salió a la calle. Recorrió las callejuelas° de la capital virreinal°, alumbradas por la luna llena. Corría y corría, gimiendo y llorando. Sus dolorosos aullidos, sus gritos, herían el alma de quienes los oían.

calles estrechas / de la Colonia

—¡Aaaaaaaay mis hijos, mis pobrecitos hijos…! ¡Aaaaaaaaaaay, aaaaaaaaaay!

Doña Luisa fue detenida por la justicia y condenada a muerte. Desde entonces, especialmente en las noches de plenilunio°, se escuchan, por las calles de la capital de Nueva España, horrendos gritos lanzados por una mujer vestida de blanco: "!Aaaaaaaay mis hijos, mis pobrecitos hijos…! ¡Aaaaaaaaaaay, aaaaaaaay!" Debido a° estos lamentos, se conoce a esta mujer como «La Llorona». Al menos, así lo cuenta la leyenda.

luna llena

because of

Sus dolorosos aullidos herían el alma de quienes los oían.

Comprensión

9-5 ¿Quién lo habrá dicho? Lee cada frase y decide quién lo habrá dicho: **L:** Luisa; **D:** don Nuño; **PL:** el padre de Luisa

1. _____ No puedo vivir sin él.
2. _____ Esa mujer está loca. No entiende su posición social.
3. _____ No aguanto que se case con ella.
4. _____ ¡No vayas con él!
5. _____ Ellos no merecen una vida así.
6. _____ ¡Es una mujer hermosa, esbelta, encantadora!
7. _____ ¿Qué he hecho?
8. _____ Tengo un presentimiento de algo... voy a su casa.
9. _____ ¡Quítenla de mi vista!
10. _____ ¡Mis hijos no van a sufrir más esta desgracia!

9-6 Contemos de nuevo la historia. Termina cada frase con la información necesaria para contar la leyenda.

1. Don Nuño era...
2. Conoció a Luisa, una señorita...
3. Los dos se enamoraron...
4. El padre de Luisa le advirtió a ésta que...
5. Don Nuño la llevó a vivir...
6. Con el tiempo Luisa dio a luz...
7. Don Nuño dejó de...
8. Un día Luisa presintió que don Nuño...
9. Fue a la casa de él donde había una fiesta para celebrar...
10. Cuando le rogó que volviera con ella, don Nuño la insultó, diciéndole...
11. Luisa volvió a casa donde tomó un puñal y...
12. Fue detenida por la justicia y condenada...
13. Y hasta hoy la podemos ver vagando por las calles, llorando...

👥 9-7 ¿Cómo son? Prepara una lista de adjetivos y frases que describan a Luisa y a don Nuño. Luego, túrnense describiendo a cada uno.

Extensión

👥 9-8 ¿Podría suceder hoy? Aunque tiene antecedentes lejanos, ¿creen que podría suceder esta historia hoy? Primero discutan esta idea en un grupo de 3 ó 4 personas, luego compartan sus ideas con la clase entera.

9-9 Características de «La Llorona». En todas las versiones de «La Llorona» hay puntos en común. Vuelve a leer el **Contexto cultural** y apunta las características que se relacionan en la leyenda con los siguientes términos. Puedes también referirte a la red informática haciendo una búsqueda de "La Llorona".

1. un color
2. la manera de matar
3. las razas/clases sociales
4. el vestido
5. el pelo
6. la relación del hombre y la mujer
7. la luna
8. el agua

👥 9-10 Lo psicológico. Octavio Paz, escritor y filósofo mexicano, escribe en su libro *El laberinto de la soledad* que México sufre un complejo de inferioridad, debido a su historia de ser un pueblo conquistado y creado por el mestizaje, de haber tenido una fachada española superpuesta sobre su cultura indígena. Paz plantea que lo indígena, y la angustia de la Conquista siguen influyendo subconscientemente en el pensamiento y el modo de ser de los mexicanos. En su opinión, ¿puede ser que esta leyenda describa ese complejo? Después de discutir esta cuestión, compartan sus ideas con el resto de la clase. (Para más información sobre las ideas de Octavio Paz, pueden visitar la biblioteca o consultar la red informática.)

9-11 Reportaje. Escribe un artículo corto, en forma periodística, contando los detalles del evento referido por la leyenda. Incluye los siguientes datos importantes: la fecha, el lugar, los personajes, el acontecimiento y las consecuencias.

👥 9-12 ¿Quién tiene la culpa? Prepárense para un debate sobre la cuestión de la culpabilidad. ¿Quién realmente tiene la culpa de esta situación?: ¿Luisa?, ¿don Nuño?, ¿la sociedad?, ¿otra persona o grupo de personas?

9-13   El punto de vista feminista. Muchas feministas citan esta leyenda como un ejemplo de la posición de la mujer en la sociedad. Discutan esta idea y después resuman sus ideas para el resto de la clase.

9-14   Drama. En forma de chisme, cuenten la historia de «La Llorona», simulando ser personajes de la leyenda. Entre los personajes pueden incluir a los vecinos, amigos y padres de don Nuño y/o Luisa.

9-15   Un artículo para *Vanidades*. Ésta es una revista popular que se publica en Miami y que contiene artículos de interés sobre el mundo latino. Escoge uno de los temas a continuación y escribe un artículo corto para la revista en que expongas tus ideas.

Posibles títulos:

La Llorona: Un punto de vista feminista

La Llorona: El complejo psicológico

La Llorona y la culpa

La leyenda de «La Llorona» como reflejo de la historia

Puedes seguir los pasos siguientes para tu artículo.

1. En 2-3 oraciones presenta el tema.

2. En 8-10 oraciones presenta y apoya tu punto de vista, dando ejemplos específicos de la leyenda.

3. En 2-3 oraciones resume y concluye el artículo. Puedes también invitar al/a la lector/a a que busque otras evidencias para apoyar o descartar tus opiniones.

MODELO: La Llorona: Un punto de vista feminista
La leyenda de «La Llorona» ha captado el interés de la crítica feminista por años. Muchos consideran a este personaje como arquetipo de la mujer fuerte mexicana...

CAPÍTULO 10

LA LLORONA

Estados Unidos: versión moderna

El Río Grande no sólo representa la frontera entre México y los Estados Unidos, sino que también figura en muchas versiones de la leyenda de «La Llorona».

Preparación

El contexto cultural

La literatura abunda en imágenes de «la madre terrible», o sea, una madre que maltrata y a veces mata a sus hijos. Muchas veces éstas son madrastras, tales como las madrastras malévolas de «Cenicienta» y de «Blancanieves», pero a veces, como en la leyenda moderna de «La Llorona», son las mismas madres naturales las que incluso llegan a dar muerte a sus hijos. A diferencia de muchas «madres terribles», la madre de «La Llorona» se da cuenta del daño que ha hecho y realmente lamenta su crimen, por eso, está condenada a pasar la eternidad en busca de sus hijos perdidos. Un tema común en estas leyendas modernas de «La Llorona» es el agua. Por lo general, se dice que la madre dejó que sus hijos se ahogaran en un río o en un arroyo. En algunas versiones, la mujer ahoga a sus hijos en un arroyo porque su amante ha dicho que son un estorbo°; luego, el amante, horrorizado, la   hindrance rechaza por asesina y la deja lamentando a sus hijos a solas.

Esta versión de «La Llorona» también tiene una función social. Así como «el coco» incita a los niños de varios países a acostarse temprano, la figura de la Llorona sirve de advertencia a los niños hispánicos de las Américas para que se mantengan a una distancia segura de la orilla de los arroyos; porque si no, la mujer que anda por los ríos buscando a sus hijos perdidos se los llevará.

Un tema común en las leyendas modernas de «La Llorona» es el agua.

Actividades

👥 10-1   La mala madre. La mala madre es la antítesis de lo que se espera de una mujer con hijos. Piensen en un caso escandaloso, real o de ficción. Preparen un resumen oral y preséntenselo a la clase.

👥 10-2   Los peligros de la noche. De joven, ¿cuáles eran los peligros que más temías? Ahora de adulto, ¿cuáles son? Comparen sus recuerdos y opiniones entre ustedes.

10-3   Expresiones nuevas. Adivina el significado de las palabras y expresiones en itálica por su contexto en las frases. Después escribe otras frases usando las mismas palabras o una variación de ellas.

MODELO: Pronto la mujer se quedó *embarazada* del primer niño, el cual nació en la primavera del año siguiente. (*embarazar; el embarazo*)
El embarazo *resultó difícil y por poco la mujer sufrió un aborto.*

1. A medida que su familia crecía, las tareas domésticas se hicieron más *onerosas.*
2. Por tener que trabajar tanto, la joven se *descuidaba*. Ya no era tan atractiva como antes. (*descuidarse*)
3. A pesar de ser una muchacha joven, se la veía *envejecida*. (*envejecer*)
4. El esposo frecuentaba *la cantina*, donde tomaba cerveza y jugaba al billar con sus compañeros.
5. *Las riñas* entre los esposos se hicieron más y más violentas. Varias veces los vecinos tuvieron que llamar a la policía. (*reñir*)
6. Cuando una noche su esposo no volvió, la mujer *se desesperó* y salió a buscarlo. (*desesperarse; desesperado/a*)
7. La mujer se enojaba muy a menudo y *maldecía* de sus hijos, quienes se echaban a llorar al instante. (*maldecir*)
8. Una noche, llevó a los niños hasta *la ribera* y los tiró al agua.
9. La mujer no podía soportar su pena, y poco a poco *enloquecía*. Después de varios meses, estaba completamente loca. (*enloquecer*)
10. Una noche *se arrojó* a las aguas frías del Río Grande. En pocos minutos despareció de la vista. (*arrojarse*)
11. Desde aquella noche, se la ve de noche *arrastrando* su velo negro detrás de ella. (*arrastrar*)
12. Debido a su largo pelo negro y *cabellera* desordenada, no se puede ver su cara.
13. Si sales de noche, la puedes ver *vagando* por cimas, valles y montañas. (*vagar*)
14. Su aspecto macabro asusta a *los trasnochadores* que regresan a casa de madrugada. (*trasnochar*)

10-4 Identifica las etapas. Mientras lees la leyenda, identifica las siguientes etapas:

1. la escena
2. la complicación
3. la crisis
4. el desenlace
5. la resolución

El hombre perdió interés por su esposa.

La Llorona
(Estados Unidos: versión moderna)

Hace muchos años, en un pueblecito cerquita del Río Grande, vivía una muchacha muy linda. Las otras chicas tenían envidia de su belleza, y todos los hombres la deseaban. Esta chica conoció a un muchacho muy apuesto, se enamoraron y en seguida se casaron. Vivían muy felices los dos. Ella siempre trataba de contentar a su esposo en todos sus pequeños deseos.

Pronto la muchacha se quedó embarazada del primer niño. Con el primer niño, llegó más trabajo para la esposa.

Después vinieron otros dos hijos. Ahora, las tareas para la mujer eran más onerosas. Servía al marido, cuidaba de los niños, hacía todas las labores de la casa. Cada vez tenía menos tiempo para sí misma. Se entregaba por completo a su familia. Llegó al punto de descuidarse físicamente. Además, su marido se quejaba de que no le hacía caso, de que dedicaba todo su tiempo a los niños.

La esposa pasaba las noches muy triste, viendo que su matrimonio iba cada vez peor. A pesar de que era joven todavía, se la veía muy envejecida. Su marido perdió interés por ella. Se iba a la cantina y se gastaba todo el dinero bebiendo con los amigos. Volvía a casa borracho, discutía con su esposa, se enfadaba con los niños, les gritaba y les hacía llorar. Las cosas iban de mal en peor en el hogar. Las riñas eran continuas.

Un día, el marido se fue de casa para no volver. La mujer se desesperó. Maldecía de los niños. Les echaba la culpa de la marcha del marido. «Mis hijos», pensaba, «han arruinado mi vida con mi esposo». Se enojaba con ellos. Los niños sollozaban desconsolados. Una noche, en un acto desesperado, intentando recuperar a su amor, decidió acabar con la vida de sus retoños°. *hijos* Llevó a sus hijos hasta la ribera. Allí los tiró a las turbulentas aguas del Río Grande. Los niños se ahogaron entre reflejos de una luna brillante sobre las negras olas. «Ahora, mi amor regresará», se dijo a sí misma la madre.

El marido no volvía. La casa estaba silenciosa. La pobre mujer no resistía la soledad. Cada mañana esperaba ver a su marido llegar. Cada noche escuchaba las vocecitas de sus niños muertos. Enloquecía poco a poco a medida que su *arrepentimiento* remordimiento° crecía. Trastornada° y arrepentida, empezó a ir *loca* por las orillas del Río Grande en busca de sus niños. Lloraba y se preguntaba: «¿Dónde hallaré a mis hijos?» Una noche de luna llena, salió de casa delirando. Se acercó a las márgenes del río. Ya no tenía esperanzas de volver a encontrar a sus niños. Vio la rápida corriente y allá se arrojó. Se ahogó en las turbias aguas del Río Grande.

Desde entonces, su alma sigue el curso de los ríos del mundo en busca de sus hijos, llorando y aullando°. En la más *aullar: gritar* absoluta quietud, en medio del silencio de las noches de luna, se oye de repente una voz que grita y se lamenta buscando ansiosamente a sus hijos. Se le oye gemir : «¡Ay, mis hijos! Aquí los eché, aquí los eché, ¿dónde los encontraré?» En ese momento, aparece una figura de mujer, horrible y aterradora. Arrastra un negro velo y un vestido blanco. Su rostro cadavérico y sus ojos rojos por el llanto le hacen parecer la muerte. Lleva la cabellera desordenada y el pelo tan largo que, cuando el viento sopla, uno no puede ver su cara.

Hoy en día, todavía sigue gritando entre los velos de la noche con su terrible alarido°. Recorre caminos, penetra por aldeas, pueblos y ciudades, se hunde en las aguas de los lagos, cruza arroyos, vadea° riachuelos, sube colinas y vaga por cimas y montañas. Parece gozar del don° de la ubicuidad. A veces se la vislumbra° con una criatura° muerta en brazos; hay quien afirma que va robando niños. Los trasnochadores que la han visto se refieren a ella con espanto. Siempre está llorando; por eso la llaman *La Llorona*.

grito

vadear: to ford
gift
vislumbrar: ver /
niño

Los trasnochadores que la han visto se refieren a ella con espanto.

Comprensión

10-5 ¿Pasó así? Ordena las palabras para formar oraciones completas; luego indica si son ciertas o falsas. Corrige las oraciones falsas.

MODELO.   pasaba esposo tiempo el sus en la con demasiado amigos cantina
El esposo pasaba demasiado tiempo en la cantina con sus amigos.   *Cierto.*

1. Río mujer un pueblo había una linda en que vivía cerca del Mississippi
2. pronto conoció pueblo a de su y los dos un joven se enamoraron
3. tres que después nacieron de se hijas casó
4. amigas la tiempo no para joven salir con tenía sus
5. para su se de que no quejaba tiempo tenía ella esposo
6. los todas los reñían esposos las niños noches lloraban y
7. arruinado la matrimonio niños creía que los habían su esposa
8. quería marido la volviera no que su esposa
9. esposo poco loco a volvía el se poco
10. una fue noche al y ribera allí a hijos río en la encontró sus
11. criatura en noche puedes día la ver de llevando hoy en a una brazos
12. llorando siempre está

10-6   Un retrato de las dos. Haz una lista de los adjetivos y frases que describan a la joven y otra de los que describan a la Llorona. ¿Ves alguna semejanza entre estas figuras y otras, verdaderas o literarias, que conozcas?

👤👤 **10-7   La versión colonial y la moderna.** Hagan una comparación entre estas dos versiones. Preparen de seis a ocho comparaciones.

MODELO: *En la versión colonial, la mujer se llama Luisa. En la versión moderna, no se menciona su nombre…*

10-8   ¿Qué pasó? En grupos de tres, túrnense para contar la leyenda. Incluyan estas expresiones en su relato.

pueblecito

embarazada

se descuidaba

envejecida

cantina

riña

echaba la culpa

se ahogaron

enloquecía

se arrojó

vaga

Extensión

10-9   Pónganse en la escena. Trabajen para crear el diálogo entre estos personajes.

1. Los jóvenes cuando se conocen por primera vez.
2. El joven cuando le pide al padre de su novia la mano de la muchacha.
3. Los esposos cuando él vuelve muy tarde de noche a casa.
4. La esposa y su mejor amiga.
5. El esposo y su mejor amigo.

10-10   El rol de la mujer moderna. La mujer de esta versión de la leyenda tuvo que someterse a su esposo. Aunque esta actitud machista ha cambiado mucho en las últimas décadas, hay todavía algunas diferencias entre lo que percibe la sociedad sobre el rol de la mujer y el del hombre. Comparen sus impresiones y opiniones entre ustedes.

MODELO: *El sueldo que recibe una mujer todavía es más bajo que el que recibe un hombre por el mismo trabajo. Esto no es justo…*

10-11   ¿Qué simboliza el agua? En cada cultura y en cada contexto, el agua representa algo diferente. Piensen en una masa de agua, por ejemplo, un río, un lago o un mar y reflexionen sobre lo que representa para la gente que vive alrededor. Pueden incluir lo económico, lo político, lo social, lo folklórico, etc.

10-12 El último sacrificio. Ha habido casos en que una mujer ha abandonado a sus hijos o ha sacrificado su vida porque no ha querido que vivan en esclavitud. ¿Cuál es tu opinión de esta acción? ¿Hay algún contexto en que se podría justificar?

10-13 *La voz del pueblo.* Escribe un artículo periodístico para el diario local *La voz del pueblo*, en el que informes sobre el escándalo de la madre homicida. Incluye los siguientes detalles: el lugar, los personajes, una descripción del acto, las consecuencias y la reacción del pueblo.

10-14 El juicio. Varios estudiantes llevarán a juicio este caso. Los participantes incluirán los siguientes personajes:

la mujer

el esposo

el/la fiscal (*prosecutor*)

el/la abogado/a de la mujer

otros testigos

el/la juez

Los otros compañeros de clase actuarán como miembros del jurado y decidirán el futuro de la mujer.

10-15 Una aparición. Escribe una entrada en tu diario en que relates una experiencia tuya con la Llorona. Incluye detalles sobre el lugar, la hora, lo que hacías cuando la viste, su aspecto físico, tu reacción y tus acciones.

MODELO:

> lunes, 10 de abril
>
> Querido diario:
> ¡Esta noche la vi! Eran las dos de la mañana, la luna estaba llena, se veían pocas estrellas y...

10-16 Una leyenda propia. La leyenda es un género oral. Se transmite de generación en generación; de padres a hijos, de abuelos a nietos, de vecinos a viajeros. Pídele a un conocido tuyo que te cuente una leyenda de su juventud. Luego, vuelve a contársela a la clase.

Glosario español/inglés

a pesar de (6)	*in spite of*
abalanzarse (7)	*to throw oneself*
abanicar (3)	*to fan*
aburrimiento (7)	*boredom*
acariciar (5)	*to caress*
acercarse (1)	*to approach*
adinerado/a (4)	*wealthy*
advertir (3)	*to warn*
agachar (3)	*to lower (one's head)*
agónico/a (9)	*agonizing*
agotado/a (6)	*exhausted*
el aguacate (5)	*avocado*
el águila (8)	*eagle*
ahogarse (2)	*to drown*
el alabastro (4)	*alabaster*
el alarido (10)	*cry*
el alba (8)	*dawn*
el alboroto (5)	*disturbance*
la alianza (9)	*alliance*
alimentar (3)	*to feed*
el alma (10)	*soul*
la altiplanicie (2)	*plateau*
alumbrar (7)	*to illuminate*
el amanecer (6)	*dawn*
ambiental (1)	*environmental*
amenazado/a (6)	*threatened*
amonestar (9)	*to admonish*
amurallado/a (4)	*walled*
anclar (6)	*to anchor*
el/la anfitrión/ona (7)	*host; sponsor*
la angustia (9)	*anguish*
el anochecer (8)	*nightfall*
la antorcha (6)	*torch*
el apaciguamiento (2)	*gesture to pacify someone*
apaciguar (2)	*to placate*
apenas (4)	*hardly*
apiadado/a (6)	*merciful*
aplacar (2)	*to placate*

apoderarse (6)	to take control of
la apostura (9)	elegance
apuesto (4)	handsome
la araña (8)	spider
la arcilla (1)	clay
el arco (4)	arch
el arco iris (7)	rainbow
ardiente (5)	burning
el armiño (6)	ermine
el arquetipo (9)	archetype
arrancar (3)	to yank
arrastrar (10)	to drag
arrebatado/a (4)	upset; impetuous
arrepentimiento (10)	repentance
arrepentirse de (6)	to repent
arrodillarse (5)	to kneel
arrojar (2)	to throw
arruinado/a (10)	ruined
el ascua (fem.) (3)	ember
el asedio (6)	siege
aseverar (3)	to assert
asomarse (5)	to appear
el atardecer (6, 8)	dusk, nightfall
aterrado/a (8)	terrified
aterrador/a (10)	terrifying
atrever (3)	to dare
el atrevimiento (2)	daring
el augurio (9)	foretelling
aullar (10)	to howl
el aullido (3)	howl
áureo/a (2)	golden
ausentarse (8)	to be absent
avanzar (6)	to advance
avergonzado/a (1)	embarrassed
averiguar (9)	to find out
el ayuntamiento (1)	town council
el azulejo (1)	tile
la bala (6)	bullet
la balsa (2)	raft
el bando (6)	edict
barrer (6)	to sweep

el barro (5)	mud
el baúl (3)	trunk
belicoso/a (6)	warring
benigno/a (3)	benign
los bienes (4)	goods
la bombilla (7)	metal straw with sieve
el bordado (7)	embroidery
Borinquen (6)	indigenous name for Puerto Rico
borracho/a (3)	drunk
el/la bretón/ona (6)	Breton
la broma (1)	joke
el/la bromista (1)	jokester
brotar (4)	to sprout
el buque (6)	boat
burlar (1)	to circumvent (a law)
el/la buscaemociones (5)	thrill seeker
la caballerosidad (9)	chivalry
la cabellera (10)	hair; locks
el cabildo eclesiástico (6)	religious council
la cabra (3)	goat
la calabaza (7)	gourd
la calleja (9)	narrow street
la campana (6)	bell
el/la caníbal (6)	cannibal
el cañón (6)	cannon
los caribes (6)	Caribs, indigenous tribe
el cariño (8)	affection
la casona (8)	large house
el castor (8)	beaver
la caza (2)	hunt
la ceniza (5)	ash
cerquita (10)	dim. cerca
el chisme (2)	gossip
chismear (4)	to gossip
la choza (7)	hut
el ciervo (3)	deer
la cima (10)	summit
el/la ciudadano/a (1)	citizen
clavarse (7)	to stick into
el códice (9)	codex

el colador (7)	*strainer*
compadecer (5)	*to feel compassion*
complacer (7)	*to please*
concedido/a (4)	*conceded*
el conejo (3)	*rabbit*
el/la conocido/a (1)	*acquaintance*
convocar (5)	*to call together*
el copo de nieve (8)	*snowflake*
la corona (5)	*crown*
cosechar (7)	*to harvest*
el crepúsculo (7)	*twilight*
la cruz (*pl.* cruces) (9)	*cross*
cuanto antes (2)	*as soon as possible*
el cuartel (6)	*barracks*
el cuerno (9)	*horn*
la cumbre (5)	*summit*
dañino/a (3)	*harmful*
el decreto (5)	*decree*
delirar (10)	*to be delirious*
el delito (5)	*crime*
derretirse (3)	*to melt*
derrotar (3)	*to defeat*
desahogar (8)	*to give vent to*
desconsolado/a (4)	*heartsick*
desengañar (8)	*to disillusion*
desesperar (10)	*to despair*
deshecho/a (8)	*undone*
deshilachado/a (8)	*frayed*
deslumbrado/a (9)	*dazzled*
desnudar (2)	*to disrobe*
desnudo/a (1)	*nude*
despiadado/a (5)	*cruel*
desposar (4)	*to marry*
desvelar (7)	*to stay awake*
el/la devoto/a (6)	*follower*
la dicha (4)	*luck*
dicho (1)	*p.p. decir*
diestro/a (7)	*skillful*
disculpar (2)	*to forgive*
dolorido/a (9)	*suffering*
el dominio (6)	*control*

la doncella (4)	*young woman*
dorado/a (2)	*golden*
echar (10)	*to throw*
echar la culpa (4)	*to blame*
elevar (1)	*to raise up*
embarazada (10)	*pregnant*
el empeño (6)	*determination*
el/la encabezado/a (2)	*head (of a group or committee)*
el encaje (8)	*lace*
encaminarse (6)	*set out for*
el engaño (5)	*deceit*
enloquecer (10)	*to go insane*
la ensenada (6)	*cove*
enterrar (5)	*to bury*
el entierro (4)	*burial*
entrañable (8)	*intimate*
entristecerse (5)	*to become sad*
envejecido/a (10)	*aged*
escasear (6)	*to become scarce*
el/la esclavo/a (9)	*slave*
la escuadra (6)	*squadron*
el escudo (6)	*shield*
la esmeralda (2)	*emerald*
espantado/a (4)	*frightened*
espantoso/a (3)	*scary*
espolvorear (2)	*to powder*
la espuma (2)	*foam*
el estado mayor (6)	*staff*
estafar (2)	*to con*
la estancia (5)	*room*
extrañar (5)	*to miss; to surprise*
la fachada (1)	*façade*
fallecer (4)	*to die*
fantasmal (9)	*ghostly*
la fe (6)	*faith*
el féretro (4)	*casket*
la fiebre (2)	*fever*
la flecha (7)	*arrow*
flojo/a (3)	*lazy*
florecer (5)	*to flower*

la flota (6)	*fleet*
fluir (6)	*to flow*
el fondo (6)	*background*
formidable (1)	*wonderful*
fregar (8)	*to wash*
el fulgor (7)	*brilliance*
fundar (2)	*to found*
fundir (3)	*to melt*
funesto (4)	*damned*
gala, de (7)	*formal attire*
la garganta (7)	*throat*
gastado/a (8)	*worn out*
el gemelo (5)	*twin*
gemir (10)	*to groan*
gimiendo (9)	*groaning*
la gota (6)	*drop*
gozar de (1)	*to enjoy*
el gozo (6)	*joy*
guaraní (8)	*indigenous people of Paraguay*
el/la guerrero/a (5)	*warrior*
la hacienda (4)	*goods; farm, ranch*
el hado (4)	*fate*
la hégira (8)	*forced journey of Mohammed from Mecca to Medina*
el hogar (3)	*home*
la hoja (7)	*leaf*
el hombre-lobo (3)	*werewolf*
el hombro (5)	*shoulder*
la hormiga (8)	*ant*
hornear (1)	*to bake*
la huida (8)	*flight*
humear (5)	*to smolder; to smoke*
hundir (10)	*to submerge*
el huno (6)	*Hun*
el infortunio (9)	*misfortune*
la joya (6)	*jewel*
el juguete (1)	*toy*
el junco (2)	*reed*
la jungla (2)	*jungle*

el jurado (1)	*jury*
el ladrillo (4)	*brick*
la lancha (6)	*launch*
lanzado/a (9)	*thrown*
ligero/a (1)	*light (weight)*
la llama (6)	*flame*
el llanto (9)	*wail*
llorar (1)	*to cry*
machacado/a (7)	*crushed*
la madrugada (8)	*dawn*
la majestad (2)	*majesty*
maldecir (10)	*to curse*
malévolo/a (10)	*malevolent*
maligno/a (3)	*evil*
maltratar (10)	*to mistreat*
el mamut (5)	*mammoth*
la manada (5)	*herd*
la mantilla (8)	*lace head covering*
el manto (6)	*cloak*
el marino (6)	*sailor*
el mármol (4)	*marble*
martirizado/a (6)	*martyred*
masticar (7)	*to chew*
la mata (7)	*bush*
matear (7)	*to drink* mate
mecer (7)	*to rock*
medir (3)	*to measure*
la metralla (6)	*shrapnel*
el milagro (6)	*miracle*
la misa (6)	*mass*
mítico/a (1)	*mythical*
el/la morador/a (7)	*inhabitant*
el mosquete (6)	*musket*
el muñeco (1)	*doll/figure*
necio/a (4)	*silly*
la necrología (4)	*obituary; death notice*
negar (1)	*to deny*
noble cuna, de (9)	*of noble birth, lit. cradle*
ñandutí (8)	guaraní: *spiderweb*
el obispo (6)	*bishop*
el obsequio (7)	*gift*

el obús (6)	*mortar*
oneroso/a (10)	*onerous, heavy*
el orgullo (1)	*pride*
orgulloso/a (1)	*proud*
la orilla (2)	*bank (of a river or lake)*
oscuras, a (7)	*in the dark*
oscurecer (5)	*to become dark*
el OVNI (5)	*UFO*
el oyente (3)	*listener*
el parche (3)	*patch*
parranda, de (5)	*out partying*
la pata (3)	*paw*
la patrulla (6)	*patrol*
el pecho (8)	*chest*
pegajoso/a (2)	*sticky*
el peligro (5)	*danger*
la pena (9)	*suffering*
la pepita (2)	*nugget*
perdurar (5)	*to last*
perecer (2)	*to perish*
la peregrinación (2)	*pilgrimage*
el peregrinaje (6)	*pilgrimage*
perenne (7)	*perennial*
el/la perseguidor/a (8)	*pursuer*
pertenecer (4)	*to belong*
la pesadilla (8)	*nightmare*
pesado/a (1)	*heavy*
la piedad (6)	*pity*
pisar (4, 9)	*to tread*
el piso (1)	*floor/story*
el plomo (3)	*lead*
poblano/a (1)	*from Puebla*
el poder (1)	*power*
poderoso/a (1)	*powerful*
el polvo (2)	*dust*
precipitar (4)	*to cause; to hurry*
predecir (9)	*to foretell*
promulgar (6)	*to promulgate*
el pueblecito (10)	*dim. pueblo*
puesto que (6)	*since*
quebradizo/a (1)	*breakable*

el quejido (4)	*cry; moan*
la quietud (10)	*silence*
la quimera (2)	*illusion*
la rama (7)	*branch*
rasgar (9)	*to tear*
la raza (8)	*race*
rechazar (10)	*to reject*
recio/a (6)	*strong, tough*
reclutar (3)	*to recruit*
reconfortar (7)	*to comfort*
recostar (5)	*to recline*
recrudecer (6)	*to intensify*
el refuerzo (6)	*reinforcement*
refulgente (2)	*shining*
regentar (6)	*to preside over*
regio/a (2)	*regal*
rellenar (4)	*to fill*
remar (2)	*to row*
el remordimiento (10)	*remorse*
reposar (4)	*to rest*
la retirada (6)	*retreat*
el riachuelo (10)	*stream*
la ribera (10)	*river bank*
el rincón (7)	*corner*
la riña (10)	*quarrel*
la riqueza (1)	*wealth*
la rogativa (6)	*rogation, plea*
el rostro (10)	*face*
el rugido (5)	*roar*
rumbo a (6)	*in the direction of*
la sabana (2)	*savanna, grassland*
sangrar (5)	*to bleed*
sangriento/a (5)	*bloody*
sano y salvo (5)	*safe and sound*
el Santo Grial (2)	*Holy Grail*
el saqueo (6)	*sack, plunder*
la savia (2)	*sap*
la señal (6)	*signal*
la sepultura (4)	*tomb*
silbar (6)	*to whistle*
el sitio (6)	*siege*

socorrer (6)	to help
soler (3)	to be accustomed
sollozar (5)	to sob
la sombra (8)	shadow
someter (2)	to conquer
soñar (1)	to dream
soplar (3)	to blow
soportar (3)	to stand, to put up with
súbdito (2)	subject
sumergirse (2)	to submerge oneself
superar (6)	to overcome
surcar (7)	to plow through
susurrar (5)	to whisper
taíno (6)	Taino, indigenous group of Puerto Rico
el tálamo (4)	bed
la talavera (1)	earthenware
tamaño (3)	size
el tañido (6)	pealing (of bells)
el tapiz (8)	carpet
el Tedéum (6)	thanksgiving canticle
tejer (8)	to weave
la tela (8)	cloth
tenebroso/a (9)	gloomy
teñir (2)	to dye
el/la terrateniente (3)	land owner
tirar (2)	to throw
la tortuga (8)	tortoise
la traición (5)	treason
el/la trasnochador/a (10)	late-night reveler
trasnochar (3)	to pass the night
trastornado/a (10)	traumatized, disturbed
la tribu (2)	tribe
tropezar (3)	to trip over, come upon
la ubicuidad (10)	ubiquity (to be in all places at once)
vacío/a (7)	empty
vagar (9)	to wander
valeroso/a (6)	valiant
valorar (2)	to value
la vela (6)	candle

velar (3)	*to watch over*
la vergüenza (1)	*shame*
los vericuetos (7)	*rough terrain*
verídico/a (4)	*truthful*
verter (5)	*to spill*
el/la vigía (6)	*lookout*
vigilar (6)	*to watch over*
vislumbrar (10)	*to discern*
la vocecita (10)	*dim.* voz
el volcán (1)	*volcano*
el voto (4)	*promise*
yacer (4)	*to lie; to repose*
el yaguareté (7)	*jaguar*
zambullir (2)	*to dive*

Glosario inglés/español

to be absent	ausentarse (8)
accustomed, to be	soler (3)
acquaintance	el/la conocido/a (1)
to admonish	amonestar (9)
to advance	avanzar (6)
affection	el cariño (8)
aged	envejecido/a (10)
agonizing	agónico/a (9)
alabaster	el alabastro (4)
alliance	la alianza (9)
to anchor	anclar (6)
anguish	la angustia (9)
ant	la hormiga (8)
to appear	asomarse (5)
to approach	acercarse (1)
arch	el arco (4)
archetype	el arquetipo (9)
arrow	la flecha (7)
as soon as possible	cuanto antes (2)
ash	la ceniza (5)
to assert	aseverar (3)
avocado	el aguacate (5)
background	el fondo (6)
to bake	hornear (1)
bank (of a river or lake)	la orilla (2)
barracks	el cuartel (6)
beaver	el castor (8)
bed	el tálamo (4)
bell	la campana (6)
to belong	pertenecer (4)
benign	benigno/a (3)
bishop	el obispo (6)
to blame	echar la culpa (4)
to bleed	sangrar (5)
bloody	sangriento/a (5)
to blow	soplar (3)
boat	el buque (6)
boredom	el aburrimiento (7)

branch	la rama (7)
breakable	quebradizo/a (1)
brick	el ladrillo (4)
brilliance	el fulgor (7)
bullet	la bala (6)
burial	el entierro (4)
burning	ardiente (5)
to bury	enterrar (5)
bush	la mata (7)
to call together	convocar (5)
candle	la vela (6)
cannibal	el/la caníbal (6)
cannon	cañón (6)
to caress	acariciar (5)
carpet	el tapiz (8)
casket	el féretro (4)
to cause; to hurry	precipitar (4)
chest	el pecho (8)
to chew	masticar (7)
chivalry	caballerosidad (9)
to circumvent (a law)	burlar (1)
citizen	el/la ciudadano/a (1)
clay	la arcilla (1)
cloak	el manto (6)
cloth	la tela (8)
codex	el códice (9)
to comfort	reconfortar (7)
to con	estafar (2)
conceded	concedido/a (4)
to conquer	someter (2)
control	el dominio (6)
to convoke	convocar (6)
corner	el rincón (7)
cove	la ensenada (6)
crime	el delito (5)
cross	la cruz (*pl.* cruces) (9)
crown	la corona (5)
cruel	despiadado/a (5)
crushed	machacado/a (7)
to cry	llorar (1)
cry; moan	el quejido (4); el alarido (10)

to curse	maldecir (10)
damned	funesto/a (4)
danger	el peligro (5)
to dare	atrever (3)
daring	el atrevimiento (2)
dark, in the	a oscuras (7)
dark, to become	oscurecer (5)
dawn	el amanecer (6); la madrugada (8); el alba (8)
dazzled	deslumbrado/a (9)
deceit	el engaño (5)
decree	el decreto (5)
deer	el ciervo (3)
to defeat	derrotar (3)
delirious, to be	delirar (10)
to deny	negar (1)
to despair	desesperar (10)
determination	el empeño (6)
to die	fallecer (4)
to discern	vislumbrar (10)
to disillusion	desengañar (8)
to disrobe	desnudar (2)
disturbance	el alboroto (5)
to dive	zambullir (2)
doll/figure	el muñeco (1)
to drag	arrastrar (10)
to dream	soñar (1)
to drink mate	matear (7)
drop	la gota (6)
to drown	ahogarse (2)
drunk	el/la borracho/a (3)
dusk	el atardecer (8)
dust	el polvo (2)
to dye	teñir (2)
eagle	el águila (8)
earthenware	la talavera (1)
edict	el bando (6)
elegance	la apostura (9)
embarrassed	avergonzado/a (1)
ember	el ascua (*fem.*) (3)
embroidery	el bordado (7)

emerald	la esmeralda (2)
empty	vacío/a (7)
to enjoy	gozar de (1)
environmental	ambiental (1)
ermine	el armiño (6)
evil	maligno/a (3)
exhausted	agotado/a (6)
façade	la fachada (1)
face	el rostro (10)
faith	la fe (6)
to fan	abanicar (3)
fate	el hado (4)
to feed	alimentar (3)
to feel compassion	compadecer (5)
fever	la fiebre (2)
to fill	rellenar (4)
to find out	averiguar (9)
flame	la llama (6)
fleet	la flota (6)
flight	la huida (8)
floor/story	el piso (1)
to flow	fluir (6)
to flower	florecer (5)
foam	la espuma (2)
follower	el/la devoto/a (6)
to foretell	predecir (9)
foretelling	el augurio (9)
to forgive	disculpar (2)
formal (attire)	de gala (7)
to found	fundar (2)
frayed	deshilachado/a (8)
frightened	espantado/a (4)
ghostly	fantasmal (9)
gift	el obsequio (7)
to give vent to	desahogar (8)
gloomy	tenebroso/a (9)
to go insane	enloquecer (10)
goat	la cabra (3)
golden	áureo/a (2); dorado/a (2)
goods	los bienes (4)
goods; farm, ranch	la hacienda (4)

gossip	el chisme (2)
to gossip	chismear (4)
gourd	la calabaza (7)
to groan	gemir (10)
groaning	gimiendo (9)
hair; locks	la cabellera (10)
to hammer	clavar (7)
handsome	apuesto/a (4)
hardly	apenas (4)
harmful	dañino/a (3)
to harvest	cosechar (7)
head (of a group)	encabezado/a (2)
heartsick	desconsolado/a (4)
heavy (weight)	pesado/a (1)
to help	socorrer (6)
herd	la manada (5)
Holy Grail	el Santo Grial (2)
home	el hogar (3)
horn	el cuerno (9)
host; sponsor	el/la anfitrión/anfitriona (7)
howl	el aullido (3)
to howl	aullar (10)
hunt	la caza (2)
hut	la choza (7)
to illuminate	alumbrar (7)
illusion	la quimera (2)
impetuous	arrebatado/a (4)
in spite of	a pesar de (6)
in the direction of	rumbo a (6)
inhabitant	morador/a (7)
to intensify	recrudecer (6)
intimate	entrañable (8)
jaguar	el yaguareté (7)
jewel	la joya (6)
joke	la broma (1)
jokester	el/la bromista (1)
joy	el gozo (6)
jungle	la jungla (2)
jury	el jurado (1)
to kneel	arrodillarse (5)
lace	el encaje (8)

lace head covering	la mantilla (8)
land owner	el/la terrateniente (3)
to last	perdurar (5)
late-night reveler	el/la trasnochador/a (10)
launch	la lancha (6)
lazy	flojo/a (3)
lead	el plomo (3)
leaf	la hoja (7)
to lie; to repose	yacer (4)
light (weight)	ligero/a (1)
listener	el/la oyente (3)
lookout	el/la vigía (6)
to lower (one's head)	agachar (3)
luck	la dicha (4)
majesty	la majestad (2)
malevolent	malévolo/a (10)
mammoth	el mamut (5)
marble	el mármol (4)
to marry	desposar (4)
martyred	martirizado/a (6)
mass	la misa (6)
to measure	medir (3)
to melt (ice)	derretirse (3)
to melt	fundir (3)
merciful	apiadado/a (6)
metal straw with sieve	la bombilla (7)
miracle	el milagro (6)
misfortune	el infortunio (9)
to miss; to be surprising	extrañar (5)
to mistreat	maltratar (10)
mortar	el obús (6)
mud	el barro (5)
musket	el mosquete (6)
mythical	mítico/a (1)
narrow street	la calleja (9)
nightfall	el atardecer (6); el anochecer (8)
nightmare	la pesadilla (8)
nude	desnudo/a (1)
nugget	la pepita (2)
obituary	la necrología (4)

onerous; heavy	oneroso/a (10)
out partying	de parranda (5)
to overcome	superar (6)
to pass the night	trasnochar (3)
patch	el parche (3)
patrol	la patrulla (6)
paw	la pata (3)
pealing (of bells)	el tañido (6)
perennial	perenne (7)
to perish	perecer (2)
pilgrimage	la peregrinación (2); el peregrinaje (6)
pity	la piedad (6)
to placate	aplacar (2); apaciguar (2)
plateau	la altiplanicie (2)
to please	complacer (7)
to plow through	surcar (7)
to powder; to dust	espolvorear (2)
power	el poder (1)
powerful	poderoso/a (1)
pregnant	embarazada (10)
to preside over	regentar (6)
pride	el orgullo (1)
promise	el voto (4)
to promulgate	promulgar (6)
proud	orgulloso/a (1)
pursuer	el/la perseguidor/a (8)
quarrel	la riña (10)
rabbit	el conejo (3)
race	la raza (8)
raft	la balsa (2)
rainbow	el arco iris (7)
to raise up	elevar (1)
to recline	recostar (5)
to recruit	reclutar (3)
reed	el junco (2)
regal	regio/a (2)
reinforcement	el refuerzo (6)
to reject	rechazar (10)
religious council	el cabildo eclesiástico (6)
remorse	el remordimiento (10)

to repent	arrepentirse de (6)
repentance	el arrepentimiento (10)
to rest	reposar (4)
retreat	la retirada (6)
river bank	la ribera (10)
roar	el rugido (5)
to rock	mecer (7)
rogation, plea	la rogativa (6)
room	la estancia (5)
rough terrain	los vericuetos (7)
to row (a boat)	remar (2)
ruined	arruinado/a (10)
sack, plunder	el saqueo (6)
sad, to become	entristecerse (5)
safe and sound	sano y salvo (5)
sailor	el marino (6)
sap	la savia (2)
savanna, grassland	la sabana (2)
scarce, to become	escasear (6)
scary	espantoso/a (3)
to set out for	encaminarse (6)
shadow	la sombra (8)
shame	la vergüenza (1)
shield	el escudo (6)
shining	refulgente (2)
shoulder	el hombro (5)
shrapnel	la metralla (6)
siege	el sitio (6); el asedio (6)
signal	la señal (6)
silence	la quietud (10)
silly	necio/a (4)
since	puesto que (6)
size	el tamaño (3)
skillful	diestro/a (7)
slave	el/la esclavo/a (9)
to smolder	humear (5)
snowflake	el copo de nieve (8)
to sob	sollozar (5)
soul	el alma (10)
spider	la araña (8)
to spill	verter (5)

to sprout	brotar (4)
squadron	la escuadra (6)
staff	el estado mayor (6)
to stand, to put up with	soportar (3)
to stay awake	desvelar (7)
to stick into	clavarse (7)
sticky	pegajoso/a (2)
strainer	el colador (7)
stream	el riachuelo (10)
strong, tough	recio/a (6)
subject	el súbdito (2)
to submerge	hundir (10)
to submerge oneself	sumergirse (2)
suffering	la pena (9); dolorido/a (9)
summit	la cumbre (5); la cima (10)
to sweep	barrer (6)
to take control of	apoderarse (6)
tapestry	el tapiz (8)
to tear	rasgar (9)
terrified	aterrado/a (8)
terrifying	aterrador/a (10)
threatened	amenazado/a (6)
thrill seeker	el/la buscaemociones (5)
throat	la garganta (7)
to throw	echar (10); arrojar (2); tirar (2)
to throw oneself	abalanzarse (7)
thrown	lanzado/a (9)
tile	el azulejo (1)
tomb	la sepultura (4)
torch	la antorcha (6)
tortoise	la tortuga (8)
town council	el ayuntamiento (1)
toy	el juguete (1)
traumatized	trastornado/a (10)
to tread	pisar (4, 9)
treason	la traición (5)
tribe	la tribu (2)
to trip over	tropezar (3)
trunk	el baúl (3)
truthful	verídico/a (4)

twilight	el crepúsculo (7)
twin	el/la gemelo/a (5)
ubiquity	la ubicuidad (10)
UFO	el OVNI (5)
undone	deshecho/a (8)
upset	arrebatado/a (4)
valiant	valeroso/a (6)
to value	valorar (2)
volcano	el volcán (1)
wail	el llanto (9)
walled	amurallado/a (4)
to wander	vagar (9)
to warn	advertir (3)
warrior	el/la guerrero/a (5)
warring	belicoso/a (6)
to wash	fregar (8)
to watch over	velar (3); vigilar (6)
wealth	la riqueza (1)
wealthy	adinerado/a (4)
to weave	tejer (8)
werewolf	el hombre-lobo (3)
to whisper	susurrar (5)
to whistle	silbar (6)
wonderful	formidable (1)
worn out	gastado/a (8)
to yank	arrancar (3)
young woman	la doncella (4)